수학 교육 전문가와 교사들이
만든 가장 완벽한 수학 코딩책

초등수학코딩

초등 수학 코딩: 엔트리 도형편

임해경·강순자·이상경 지음

1판 1쇄 펴낸날 2019년 2월 27일
펴낸이 이충호 | 펴낸곳 길벗어린이㈜ | 등록번호 제10-1227호 | 등록일자 1995년 11월 6일
주소 04000 서울시 마포구 월드컵북로 45 에스디타워비엔씨 2F | 대표전화 02-6353-3700 | 팩스 02-6353-3702
홈페이지 www.gilbutkid.co.kr | 편집 송지현 임하나 이현성 | 디자인 김연수
마케팅 호종민 김서연 김형주 황혜민 | 총무·제작 임희영 최유리 정현미
ISBN 978-89-5582-481-0 74410, 978-89-5582-480-3(세트)

글 ⓒ 임해경, 강순자, 이상경 2019
이 책은 저작권법에 따라 보호받는 저작물이므로, 저작권자와 길벗어린이㈜의 허락 없이는 이 책의 내용을 쓸 수 없습니다.

이 책의 국립중앙도서관 출판예정도서목록(CIP)은 서지정보유통지원시스템 홈페이지(http://seoji.nl.go.kr)와
국가자료공동목록시스템(http://www.nl.go.kr/kolisnet)에서 이용하실 수 있습니다. (CIP 제어번호:CIP2018037492)

※ 엔트리 온라인 버전은 모든 인터넷 웹 브라우저에서 사용이 가능합니다. 이 책은 크롬 브라우저를 사용하였습니다.

코딩으로 수학 개념을 꿰뚫는
융합 교육의 정석!

수학 교육 전문가와 교사들이
만든 가장 완벽한 수학 코딩책!

임해경·강순자·이상경 지음

엔트리 × 도형편

초등수학코딩

길벗어린이

머리말

재미있게 코딩하며 초등 수학 도형의 개념을 익혀 보세요!

우리는 첨단 정보 통신 기술이 사회 곳곳에 커다란 영향을 주는 시대에 살고 있습니다. 인공 지능, 로봇 공학, 사물 인터넷, 무인 자동차를 포함한 여러 분야에서 소프트웨어의 역할이 더욱 중요해지고 있지요. 여러분들은 소프트웨어에 대해 얼마나 알고 있나요? 사실 알고 보면 소프트웨어는 항상 우리 생활 속에 있습니다. 스마트 폰의 다양한 애플리케이션은 물론이고 건널목에서 길을 건널 때를 알려 주는 신호등, 사람이 감지되면 자동으로 켜지는 현관의 등도 모두 소프트웨어로 작동한답니다. 그리고 이 소프트웨어는 바로 '코딩'으로 만들어 집니다.

우리나라를 비롯한 세계 여러 나라에서는 시대의 변화에 발맞추어 코딩을 정규 교육 과정에 도입하고 있습니다. 다만, 초등학교에서 배우는 코딩은 전문적인 프로그래머를 양성하는 것이 아닌, 모든 학생들에게 필요한 컴퓨팅 사고력을 기르는 것을 목표로 합니다. 다양한 문제들을 정확하게 인식하고, 분석하고, 나아가 창의적으로 해결할 수 있는 힘을 기르는 것이지요. 코딩으로 이런 훈련을 하면 결국 새로운 문제를 마주했을 때 좀 더 효율적인 해결 방법을 찾을 수 있게 됩니다.

　이 책은 바로 이러한 코딩의 특성을 수학과 연결하였습니다. 삼각형을 예로 들면 여러분은 삼각형의 정의와 특징을 글로 배우는 대신 삼각형을 그리는 '코드'를 직접 생각하고 만들어 보게 될 것입니다. 이 과정에서 삼각형은 물론 다양한 도형의 정의뿐만 아니라, 각도에 대해서도 자세히 이해를 할 수 있게 됩니다.

　또한 블록형 코딩 플랫폼인 '엔트리'로 코딩을 처음 접하거나 코딩이 익숙지 않은 학생들도 쉽게 따라하고 이해할 수 있도록 설계되었습니다. 각 장의 주제가 되는 수학 개념과 코딩의 난이도를 체계적으로 구성하여 주어진 다양한 상황을 분석하고, 코드를 생각하고, 만들고, 실행하는 재미를 느끼게 될 것입니다.

　《초등 수학 코딩: 엔트리 도형편》으로 재미있게 코딩하며 수학과 코딩 실력이 자라는 즐거운 경험을 해 보세요. 책 속에 주어진 문제들을 해결한 뒤에는 스스로 문제를 만들어 보고 또 다양한 방법으로 코딩해 보세요. 엔트리봇과 삼각이를 따라 코딩하다 보면 어느새 문제 해결 능력과 창의력이 쑥쑥 자라날 것입니다.

차례

머리말 | 4
이 책의 활용법 | 8

00 엔트리 시작하기 | 10

01 엔트리봇 움직이기 | 4-1·2단원 각도 | 19
엔트리랑 수학이랑·26 | 수학 개념·27 | 수학 코딩·27

02 울타리 자리 그리기 | 3-1·2단원 평면도형 | 28
엔트리랑 수학이랑·35 | 수학 개념·36 | 수학 코딩·36

03 농구 코트 그리기 | 3-1·2단원 평면도형 | 37
엔트리랑 수학이랑·44 | 수학 개념·45 | 수학 코딩·46

04 장애물 달리기 | 4-2·4단원 사각형 | 47
엔트리랑 수학이랑·56 | 수학 개념·58 | 수학 코딩·59

05 화분에 물 주기 | 4-2·4단원 사각형 | 60
엔트리랑 수학이랑·68 | 수학 개념·69 | 수학 코딩·71

06 풍선 터뜨리기 | 4-2·2단원 삼각형 | 73
엔트리랑 수학이랑·81 | 수학 개념·83 | 수학 코딩·83

07 피자 나누기 | 4-1·2단원 각도 | 85
엔트리랑 수학이랑·94 | 수학 개념·96 | 수학 코딩·96

08 도토리 모으기 | 4-2·6단원 다각형 | 97

엔트리랑 수학이랑·105 | 수학 개념·108 | 수학 코딩·108

09 동영상 카드 만들기 | 3-1·2단원 평면도형 | 109

엔트리랑 수학이랑·116 | 수학 코딩·117

10 반짝반짝 별 그리기 | 4-1·2단원 각도 | 118

엔트리랑 수학이랑·127 | 수학 코딩·130

11 화려한 불꽃놀이 | 3-2·3단원 원 | 131

엔트리랑 수학이랑·139 | 수학 개념·142 | 수학 코딩·142

12 엔트리봇의 피겨 스케이팅 | 3-2·3단원 원 | 143

엔트리랑 수학이랑·151 | 수학 코딩·153

13 눈 오는 날 우산 그리기 | 5-2·2단원 합동과 대칭 | 154

엔트리랑 수학이랑·160 | 수학 개념·161 | 수학 코딩·163

14 벽에 액자 걸기 | 중등 수학 좌표 | 164

엔트리랑 수학이랑·171 | 수학 개념·173 | 수학 코딩·173

15 스트링 아트 & 오륜기 그리기 | 6-2·6단원 여러 가지 문제 | 174

엔트리랑 수학이랑·184

정답 | 186

이 책의 활용법

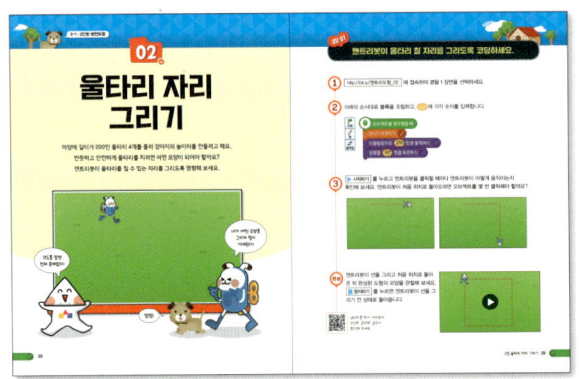

도전! 생활 속 미션

주제 관련 문제 & 교과 단원 정보

각 장의 주제에 맞게 제시된 미션을 읽고, 어떻게 해결하면 좋을지 생각해 보세요. 캐릭터들의 대화를 통해 문제를 해결할 수 있는 힌트를 얻을 수 있답니다.

단계별로 코딩하자!

코딩 무작정 따라하기

미션을 해결하기 위해 코딩을 단계별로 따라해 보세요. 블록 조립소 아이콘을 보면 해당 블록들이 어디에 있는지를 바로 알 수 있지요. 새로 나오는 블록에 대한 설명을 읽으면 다른 코드에도 활용할 수 있을 거예요.

새로운 엔트리 개념 알아보기

각 장에서 다뤄지는 주요 엔트리 기능과 개념을 자세하게 알아봐요.

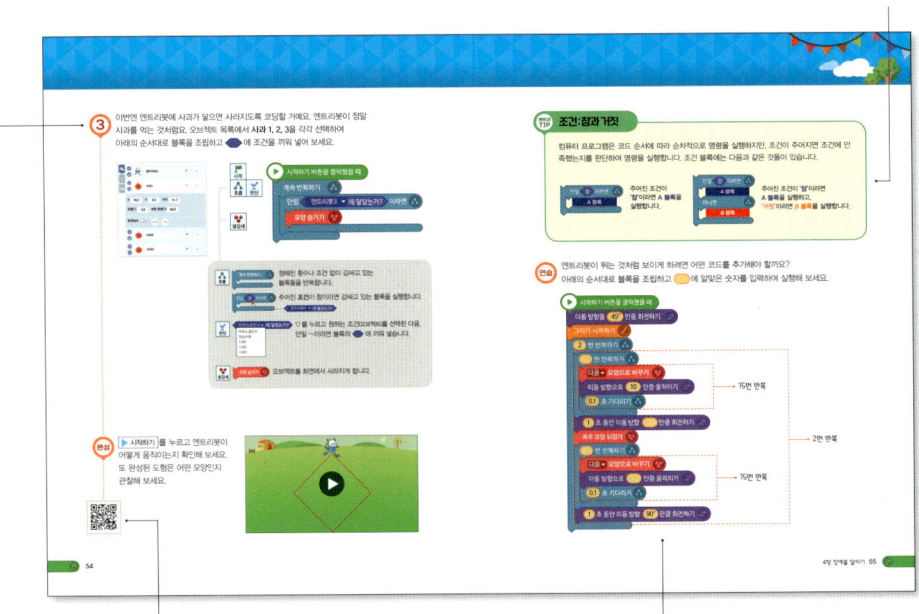

완성 코드 확인하기

QR코드를 인식하여 완성 화면을 동영상으로 볼 수 있어요. 내가 코딩한 결과와 동영상을 비교하여 확인해 보세요!

연습 문제로 익히기

비슷한 문제를 풀며 코딩이 익숙해지도록 연습해 보세요. 실력이 쑥쑥 자라날 거예요. 정답은 186쪽에 있어요.

만화로 수학 개념을 익히자!

개념 톡톡! 엔트리랑 수학이랑
각 장에서 다룬 수학 개념을 만화 속 삼각이와 함께 쉽고 재미있게 익혀 보세요.

교과서 속 수학 개념
내가 해결한 미션의 결과를 떠올리며 교과서에 나온 수학 개념으로 정리해 보세요.

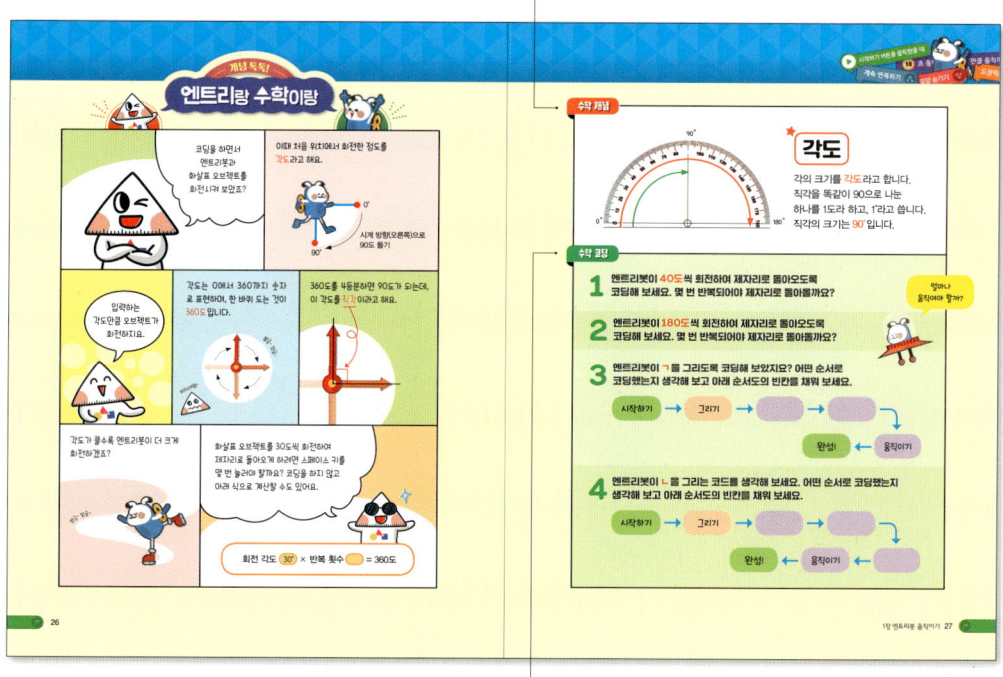

수학 코딩
모든 활동이 끝났다면 이제 스스로 코딩을 해 볼 차례예요. 수학 코딩 문제를 해결하며 각 장에서 배운 수학 개념과 엔트리 개념을 다시 한 번 정리해 보세요. 정답은 186쪽에 있어요.

00

엔트리 시작하기

엔트리를 활용하여 즐거운 코딩을 시작해 볼까요?
마우스로 명령 블록을 끌어서 '레고'처럼 연결하면
누구나 쉽고 간단하게 코딩을 할 수 있답니다!

컴퓨터나 태블릿으로 엔트리에 접속해 보자!

온라인이나 오프라인으로 엔트리에 접속하세요.

1 온라인으로 접속하기

❶ 인터넷 검색창에서 **엔트리**를 검색하거나 **playentry.org**로 접속하세요.

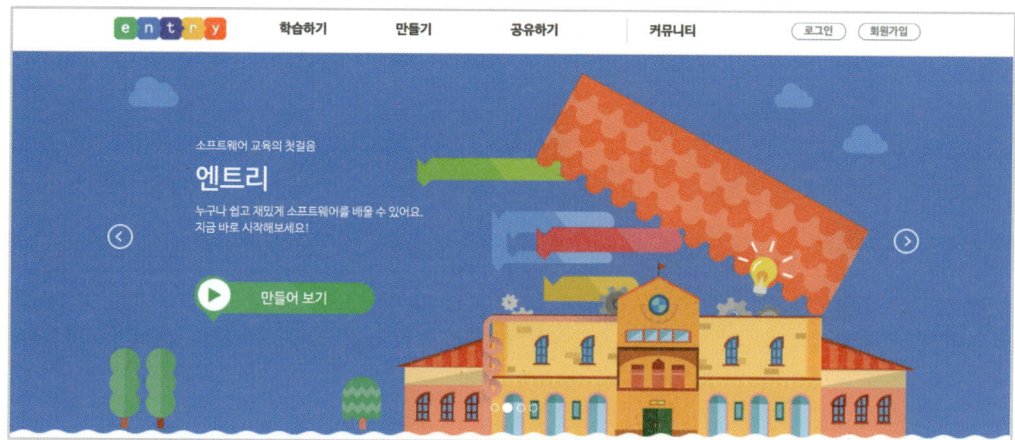

❷ **회원 가입**을 하고 **로그인**하면 직접 만든 작품을 저장하고, 공유할 수 있습니다.

② 오프라인으로 접속하기

엔트리 오프라인 버전은 인터넷이 연결되어 있지 않아도 사용할 수 있습니다.
대신 엔트리 사이트에서 해당 프로그램을 다운로드하고, 설치해 두어야 합니다.

③ 엔트리 활용하기

❶ 초보자는 '학습하기'를 클릭하여 따라해 보세요.

엔트리에서 제공하는 주제별, 학년별 학습 과정을 통해 차근차근 엔트리를 배울 수 있습니다. 엔트리 초보자라도 쉽게 따라할 수 있답니다.

상단 메뉴에서
[학습하기] ▶ [엔트리 학습하기]로
들어갑니다.

온라인으로 이용할 수 있습니다.

❷ **'만들기'를 클릭하면 코딩을 시작할 수 있어요.**
온/오프라인으로 이용할 수 있습니다. [만들기] ▶ [작품 만들기]로 들어갑니다.

• 온라인으로 작품 만들기

• 오프라인으로 작품 만들기

❸ **책 속의 'URL'을 입력하고
《초등 수학 코딩》을 시작하세요.**
각 장에 주어진 URL을 인터넷 주소 창에
입력하면 미션을 시작할 수 있는 화면이
나타납니다.

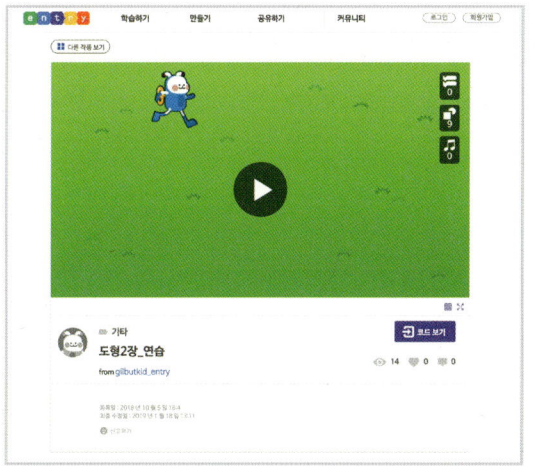

❹ **'공유하기'를 클릭하여 코딩한 작품을
올리세요.**
엔트리에 로그인을 한 다음, 직접 만든
작품을 온라인에 공유해 보세요.
다른 친구들이 공유한 작품도
볼 수 있습니다.

엔트리는 어떻게 구성되어 있을까요?

1 엔트리 화면

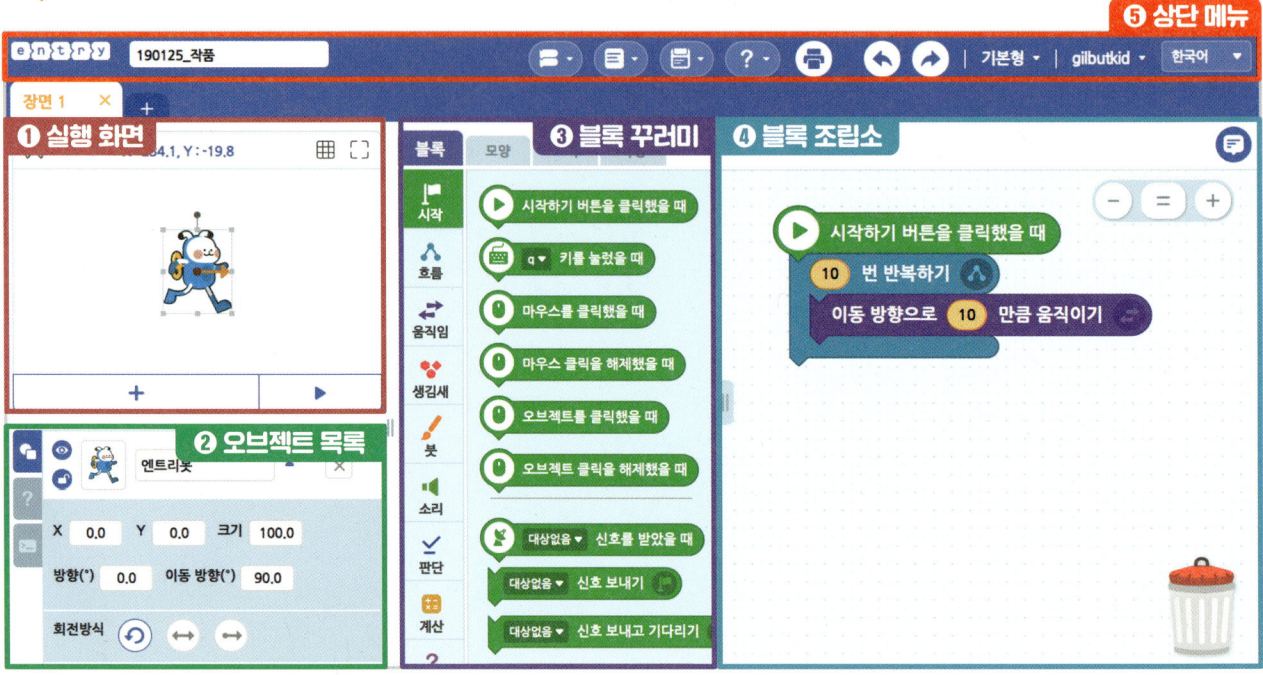

❶ **실행 화면**: 완성된 프로그램을 실행합니다.

❷ **오브젝트 목록**: 오브젝트의 정보를 수정하거나 확인할 수 있습니다.

❸ **블록 꾸러미**: 블록 탭에는 카테고리별 블록이 모여 있습니다. 모양 탭에서는 모양 추가를, 소리 탭에서는 소리 추가를, 속성 탭에서는 신호, 변수, 함수 등을 추가할 수 있습니다.

❹ **블록 조립소**: 블록 꾸러미에서 가져온 블록을 조립합니다.

메모: 화면이나 블록에 메모를 추가하고 확인할 수 있습니다.

블록 크기 조절: 블록의 크기를 축소(-), 확대(+), 초기화(=)할 수 있습니다.

❺ **상단 메뉴**

엔트리 로고: 엔트리 메인 페이지로 이동합니다.

작품 이름: 작품의 이름입니다. 클릭하여 다른 이름으로 변경할 수 있습니다.

새로 만들기: 작품을 새로 만들거나 저장한 작품을 불러옵니다.

작품 저장: 현재 작품을 저장하거나 다른 이름으로 저장합니다.

도움말: 도움말을 볼 수 있습니다.

이전 작업 & 다음 작업: 작업을 바로 이전 또는 이후로 되돌릴 수 있습니다.

계정: 로그인 한 경우, 자신의 아이디를 클릭하면 내가 저장한 작품을 조회할 수 있습니다.

언어: 언어를 변경할 수 있습니다. 사용 가능한 언어는 한국어, 영어, 일본어, 베트남어입니다.

② 오브젝트

기본 화면에서는 '엔트리봇' 오브젝트가 있습니다.
오브젝트는 명령어를 통해 움직일 수 있는 것들(캐릭터, 사물, 글상자, 배경 등) 입니다.

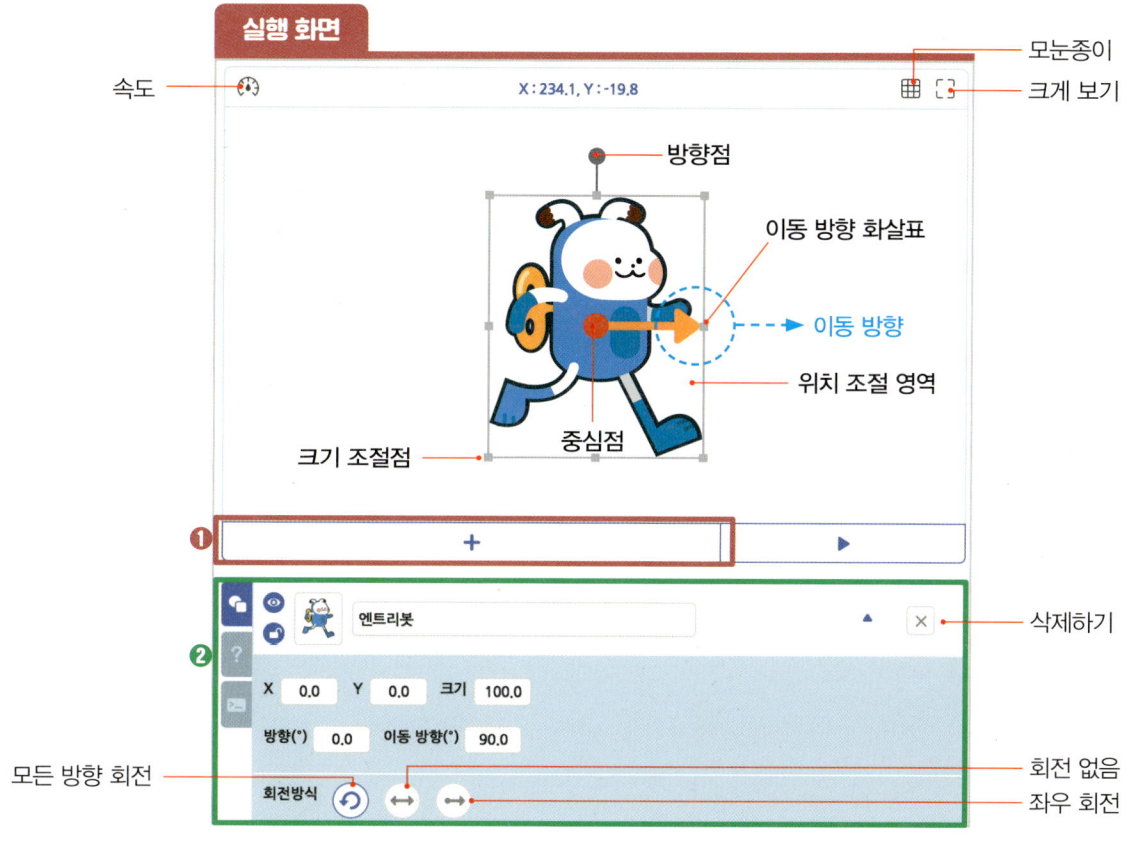

❶ ➕ 원하는 오브젝트를 추가할 수 있습니다.

❷ 👁 **숨기기**: 실행 화면에서 오브젝트를 숨길 수 있습니다. 클릭하여 설정/해제할 수 있습니다.

🔒 **잠금**: 오브젝트의 설정을 고정합니다. 클릭하여 설정/해제할 수 있습니다.

엔트리봇 오브젝트의 이름을 수정할 수 있습니다.

✕ **삭제하기**: 클릭하여 오브젝트를 삭제할 수 있습니다.

X 0.0 Y 0.0 오브젝트의 위치를 좌표 상의 숫자로 나타냅니다. 가로는 X, 세로는 Y입니다.

크기 100.0 오브젝트의 크기를 숫자로 나타냅니다. 기본값은 100입니다.

방향(°) 0.0 오브젝트 자체의 방향을 각도로 나타냅니다. 기본값은 0도입니다.

이동 방향(°) 90.0 오브젝트의 이동 방향 화살표가 향하는 방향입니다. 기본값은 90도입니다.

↻ ↔ → '화면 끝에 닿으면 튕기기' 블록을 사용할 때 오브젝트의 회전 방식을 결정합니다.

0장 엔트리 시작하기 15

엔트리로 코딩하는 법을 알아볼까요?

① 시작하기

시작하기 버튼을 클릭하면 화면의 기본 코드에 따라 엔트리봇이 움직입니다.
아래 화면은 엔트리봇이 10씩 10번 이동했으므로 총 100만큼 이동한 것이 됩니다.

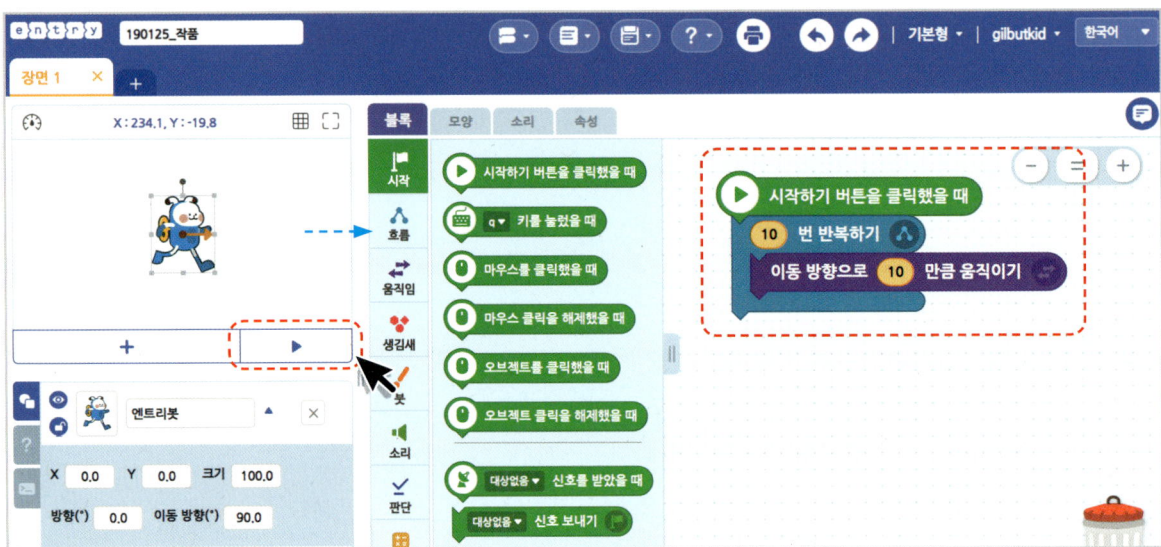

② 블록 다루기

마우스로 드래그해서 블록 낱개 또는 덩어리를 움직일 수 있습니다.

❶ 삭제하기

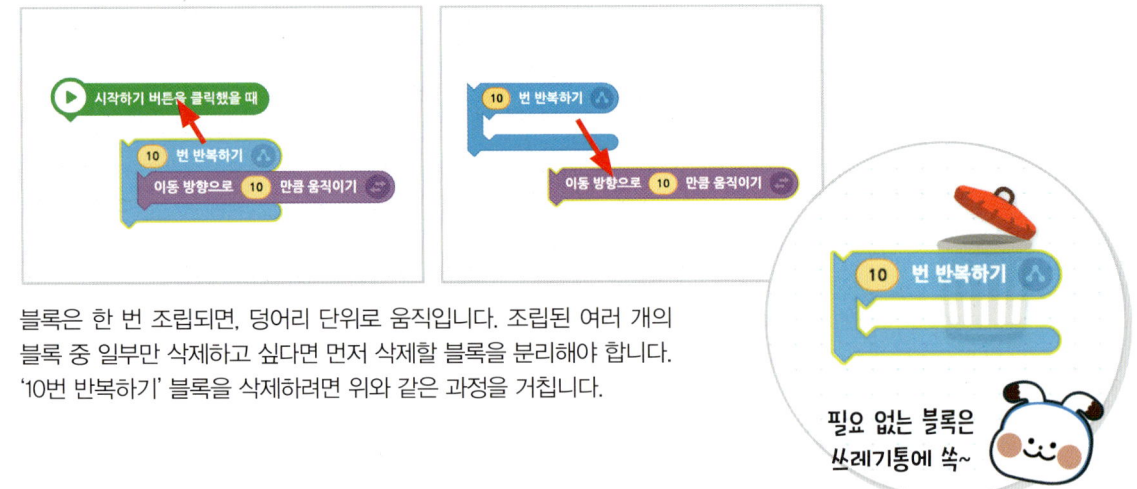

블록은 한 번 조립되면, 덩어리 단위로 움직입니다. 조립된 여러 개의 블록 중 일부만 삭제하고 싶다면 먼저 삭제할 블록을 분리해야 합니다. '10번 반복하기' 블록을 삭제하려면 위와 같은 과정을 거칩니다.

필요 없는 블록은 쓰레기통에 쏙~

❷ 조립하기

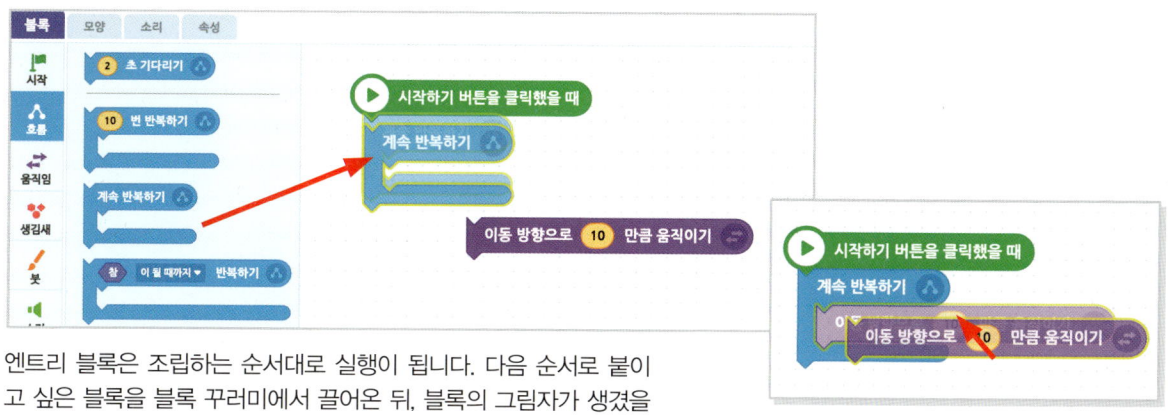

엔트리 블록은 조립하는 순서대로 실행이 됩니다. 다음 순서로 붙이고 싶은 블록을 블록 꾸러미에서 끌어온 뒤, 블록의 그림자가 생겼을 때 놓으면 조립됩니다. 반복하기 블록의 경우에는 오른쪽 그림과 같이 해당 블록을 사이에 넣어 조립합니다.

작품을 저장하고 공유하는 법을 알아볼까요?

① 나의 작품 저장하기

화면 상단의 제목을 변경하고 '저장하기'를 눌러 저장합니다.

❶ **저장하기**
현재 작품을 온라인에 저장합니다.
기존 작품을 열었다면 덮어 씌워 저장됩니다.

❷ **복사본으로 저장하기**
기존 작품을 열었다면 새로운 작품으로
온라인에 저장됩니다.

❸ **내 컴퓨터에 저장하기**
컴퓨터에 저장됩니다. 오프라인 버전으로 열 수 있습니다.

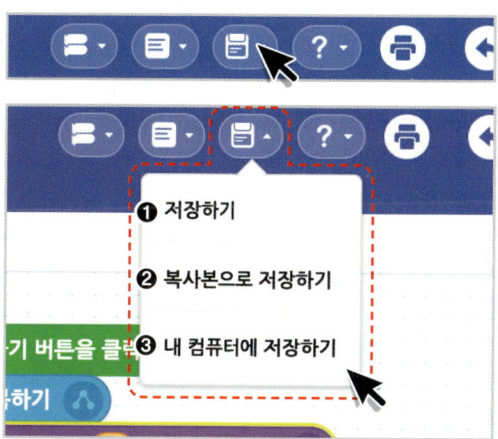

② 공유하기

❶ 온라인 접속 후, '마이 페이지'에서 저장된 작품을 확인합니다. 자신의 아이디 아래 메뉴의 '마이 페이지' 또는 '작품 조회'로 가면 지금까지 저장한 작품들을 볼 수 있습니다.

 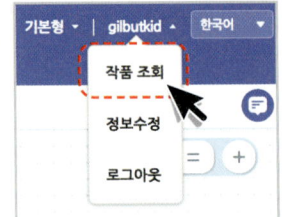

❷ '공유하기' 아이콘을 클릭하면 엔트리 웹에서 작품을 공유할 수 있습니다. 작품의 자물쇠를 열면 [작품 공유하기]에 나의 작품이 올라갑니다.

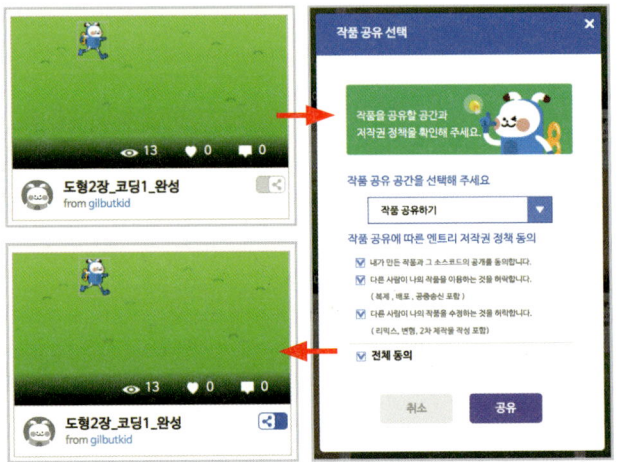

❸ 공유에 있는 주소를 복사해서 SNS 또는 메일, 블로그 등으로 공유할 수 있습니다. 공유에 있는 주소를 클릭하면 복사됩니다. 원하는 곳에 붙여 넣어 e-mail, 블로그 등으로 공유해 봅시다.

지금까지 엔트리 활용법에 대해 알아보았어요.
이제 《초등 수학 코딩》을 시작해 볼까요?

4-1 · 2단원 각도

01

엔트리봇 움직이기

엔트리봇은 명령하는 대로만 움직이는 로봇이에요.
우리가 명령을 내리지 않으면 조금도 움직이지 못하지요.
엔트리봇을 움직이게 하려면 순서대로 정확하게 명령을 내려야 해요.

회전하고 앞으로 이동하고

선도 그릴 수 있어.

안녕!
난 삼각이야.
도형의 세계로
고고씽!

안녕!
난 엔트리봇이야.
명령 대기 중!

엔트리봇이 앞으로 100만큼 이동하도록 코딩하세요.

① 엔트리를 실행하고 [만들기] ▶ [작품 만들기]로 들어갑니다.

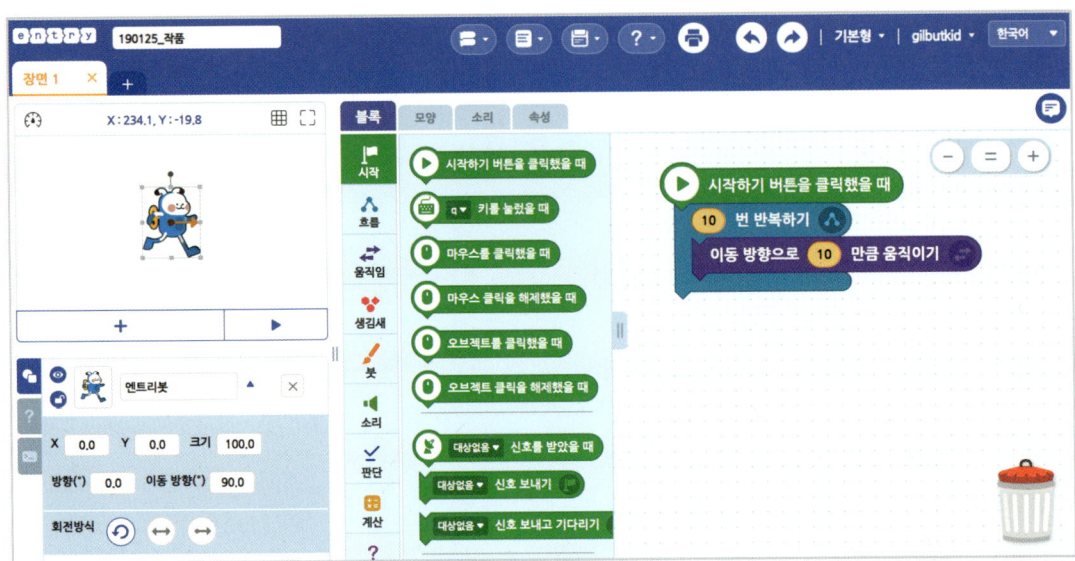

② 처음 화면에 제공되는 블록을 오른쪽 하단 휴지통에 끌어와 삭제하세요.
아래 순서대로 새로운 블록을 조립하고 ⬭ 에 100을 입력합니다.

100만큼 오브젝트 이동

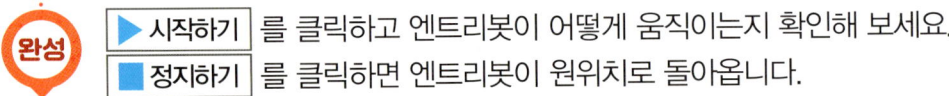

▶시작하기 를 클릭하고 엔트리봇이 어떻게 움직이는지 확인해 보세요.
■정지하기 를 클릭하면 엔트리봇이 원위치로 돌아옵니다.

 ◯의 숫자를 아래와 같이 바꾸고 실행해 보세요.

A 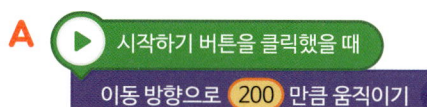   B

엔트리TIP 엔트리봇의 이동 거리

엔트리 실행 화면에 있는 모눈종이 버튼을 누르면 엔트리봇의 이동 거리를 확인할 수 있어요. 이동값을 더 크게 넣으면 더 많이 이동합니다.

코딩 02
엔트리봇이 시계 방향으로 90도 회전하도록 코딩하세요.

1 코딩 1에서 만든 블록을 휴지통에 끌어와 삭제하세요.
아래의 순서대로 블록을 새로 조립하고, ◯에 90을 입력합니다.

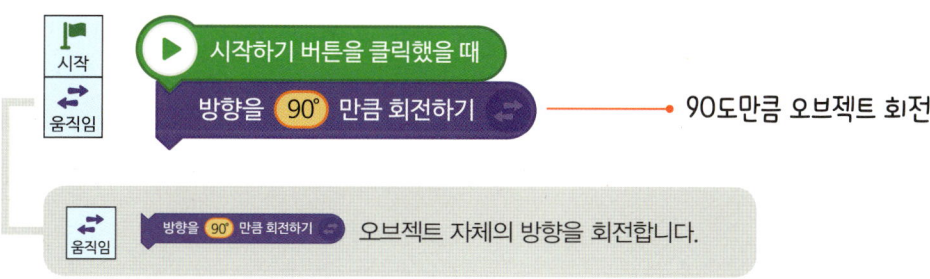

 ▶시작하기 를 클릭하고 엔트리봇이 어떻게 움직이는지 확인해 보세요.
■정지하기 를 클릭하면 엔트리봇이 원위치로 돌아옵니다.

연습 ⬤의 숫자를 아래와 같이 바꾸고 실행해 보세요.

코딩 03
화살표가 시계 방향으로 90도 회전하도록 코딩하세요.

① 오브젝트 목록에서 ☒를 눌러 엔트리봇을 삭제하세요. 그다음 ➕ 오브젝트 추가하기 를 클릭하고 **룰렛 화살표**를 선택하세요.

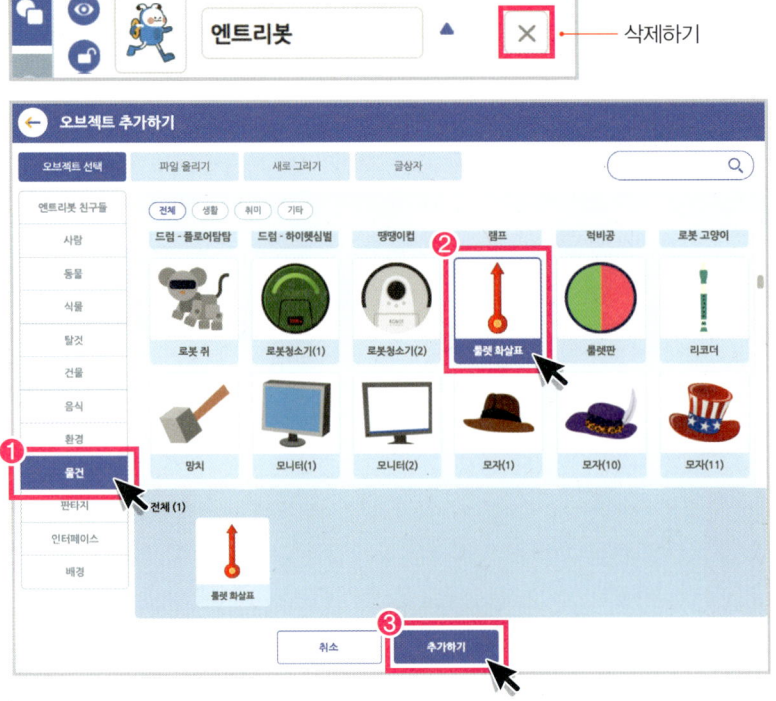

2 화살표의 중심점을 그림과 같이 이동하고, 아래 순서대로 블록을 조립하세요.

 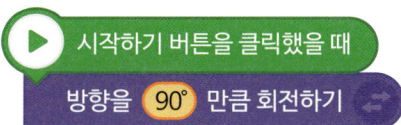 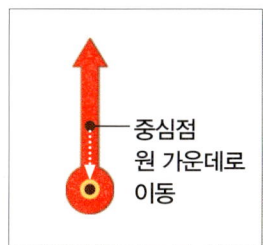 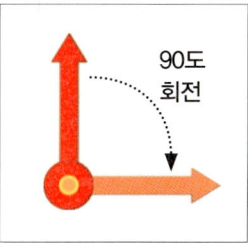

완성 ▶시작하기 를 클릭하고 화살표가 어떻게 움직이는지 확인해 보세요.
■정지하기 를 클릭하면 화살표가 원위치로 돌아옵니다.

연습 아래의 순서대로 블록을 조립하여 화살표 오브젝트가 한 바퀴 돌아 제자리에 오는 코드를 만들어 보세요. 스페이스 키를 몇 번 눌러야 처음 모양으로 돌아오나요?

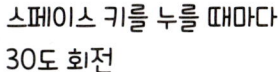
스페이스 키를 누를 때마다 30도 회전

엔트리 TIP 시작 버튼과 블록들

코드를 조립한 다음 엔트리봇을 움직이려면 가장 먼저 ▶시작하기 를 눌러야 해요. 이 버튼을 누르지 않으면 엔트리봇은 어떤 명령을 내려도 움직이지 않습니다. 버튼을 누른 뒤에는 아래와 같은 코드로 엔트리봇을 움직이게 할 수 있어요.

- ▶ 시작하기 버튼을 클릭했을 때 — ▶시작하기 를 누르면 실행
- 스페이스 ▼ 키를 눌렀을 때 — (▶시작하기 를 누르고) 스페이스 키를 누르면 실행
- 마우스를 클릭했을 때 — (▶시작하기 를 누르고) 마우스를 클릭하면 실행

엔트리봇이 ㄱ을 그리도록 코딩하세요.

① 메뉴에서 **새로 만들기**를 클릭하여 기본 화면으로 돌아오세요.
아래와 같이 **그리기** 블록을 끼워 넣으면 엔트리봇이 이동한 흔적을 볼 수 있어요.

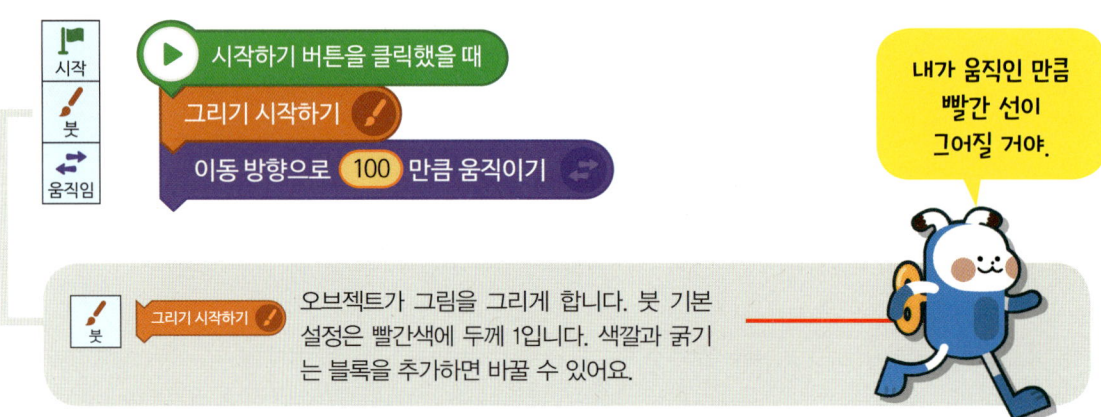

② 아래의 순서대로 블록을 조립하고, ⬤에 각각 숫자를 입력합니다.
A, B의 코드 결과를 비교해 보세요.

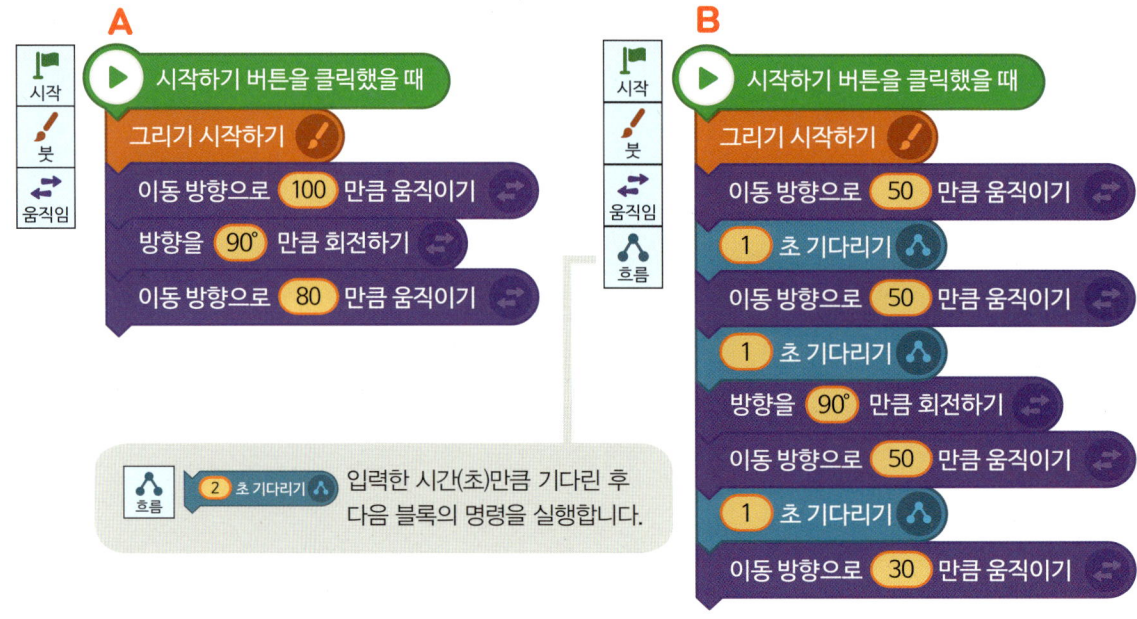

 ▶시작하기 를 클릭하고 각각의 코드로 엔트리봇이 ㄱ을 그리는지 확인해 보세요.
■정지하기 를 클릭하면 엔트리봇이 원위치로 돌아옵니다.

엔트리봇이 ㄴ을 그리도록 코딩하세요.

1 아래의 순서대로 블록을 조립하고, ⬤ 에 각각 숫자를 입력합니다.
A, B의 코드 결과를 비교해 보세요.

완성 ▶시작하기 를 클릭하고 각각의 코드로 엔트리봇이 ㄴ을 그리는지 확인해 보세요.
■정지하기 를 클릭하면 엔트리봇이 원위치로 돌아옵니다.

연습 오른쪽 코드의 ⬤ 에 원하는 이동값을 입력한 다음 실행해 보세요.

1장 엔트리봇 움직이기 25

개념 톡톡! 엔트리랑 수학이랑

코딩을 하면서 엔트리봇과 화살표 오브젝트를 회전시켜 보았죠?

이때 처음 위치에서 회전한 정도를 **각도**라고 해요.

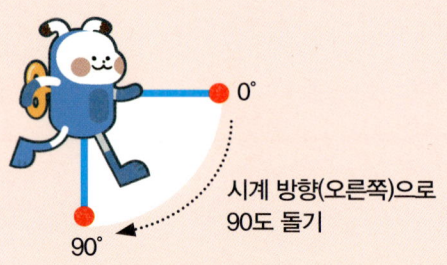

시계 방향(오른쪽)으로 90도 돌기

입력하는 각도만큼 오브젝트가 회전하지요.

각도는 0에서 360까지 숫자로 표현하며, 한 바퀴 도는 것이 **360도**입니다.

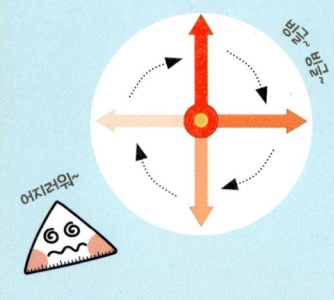

360도를 4등분하면 90도가 되는데, 이 각도를 **직각**이라고 해요.

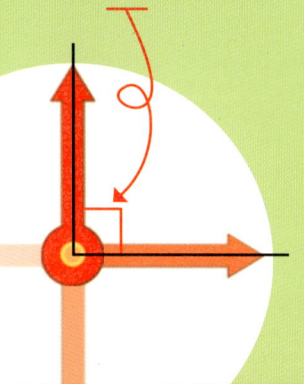

각도가 클수록 엔트리봇이 더 크게 회전하겠죠?

화살표 오브젝트를 30도씩 회전하여 제자리로 돌아오게 하려면 스페이스 키를 몇 번 눌러야 할까요? 코딩을 하지 않고 아래 식으로 계산할 수도 있어요.

회전 각도 30° × 반복 횟수 ◯ = 360도

수학 개념

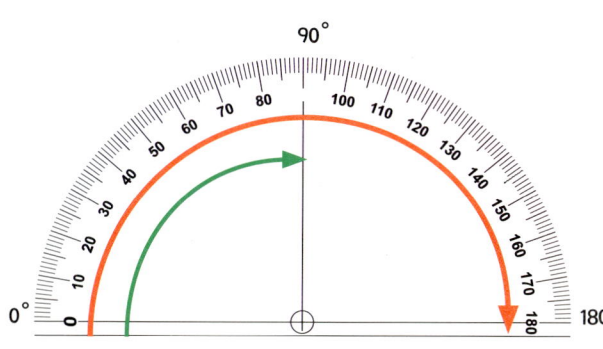

각도

각의 크기를 **각도**라고 합니다.
직각을 똑같이 90으로 나눈
하나를 1도라 하고, 1°라고 씁니다.
직각의 크기는 **90°**입니다.

수학 코딩

1 엔트리봇이 **40도**씩 회전하여 제자리로 돌아오도록 코딩해 보세요. 몇 번 반복되어야 제자리로 돌아올까요?

2 엔트리봇이 **180도**씩 회전하여 제자리로 돌아오도록 코딩해 보세요. 몇 번 반복되어야 제자리로 돌아올까요?

얼마나 움직여야 할까?

3 엔트리봇이 **ㄱ**을 그리도록 코딩해 보았지요? 어떤 순서로 코딩했는지 생각해 보고 아래 순서도의 빈칸을 채워 보세요.

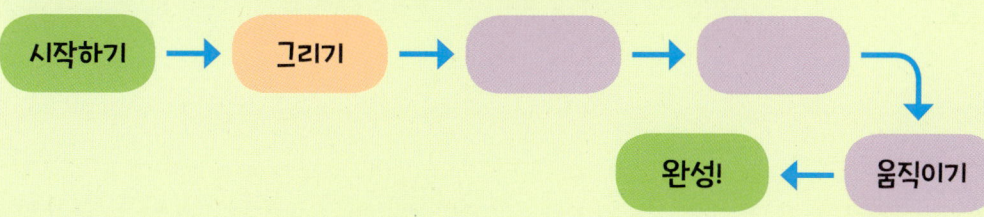

4 엔트리봇이 **ㄴ**을 그리는 코드를 생각해 보세요. 어떤 순서로 코딩했는지 생각해 보고 아래 순서도의 빈칸을 채워 보세요.

3-1 · 2단원 평면도형

02

울타리 자리 그리기

마당에 길이가 200인 울타리 4개를 둘러 강아지 놀이터를 만들려고 해요.
반듯하고 안전하게 울타리를 치려면 어떤 모양이 되어야 할까요?
엔트리봇이 울타리를 칠 수 있는 자리를 그리도록 명령해 보세요.

각도를 알면 전혀 문제없지!

내가 어떤 모양을 그리게 될지 기대된다!

멍멍!

엔트리봇이 울타리 칠 자리를 그리도록 코딩하세요.

① bit.ly/엔트리도형편_02 에 접속하여 **코딩 1** 장면을 선택하세요.

② 아래의 순서대로 블록을 조립하고, ◯ 에 각각 숫자를 입력합니다.

③ ▶시작하기 를 누르고 엔트리봇을 클릭할 때마다 엔트리봇이 어떻게 움직이는지 확인해 보세요. 엔트리봇이 처음 위치로 돌아오려면 오브젝트를 몇 번 클릭해야 할까요?

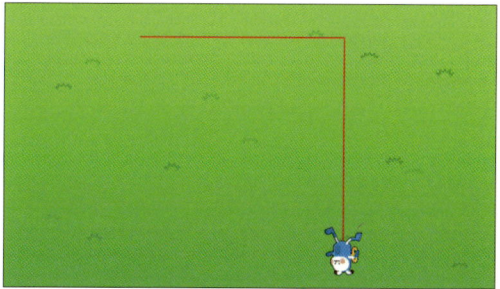

완성 엔트리봇이 선을 그리고 처음 위치로 돌아온 뒤 완성된 도형의 모양을 관찰해 보세요. ■정지하기 를 누르면 엔트리봇이 선을 그리기 전 상태로 돌아옵니다.

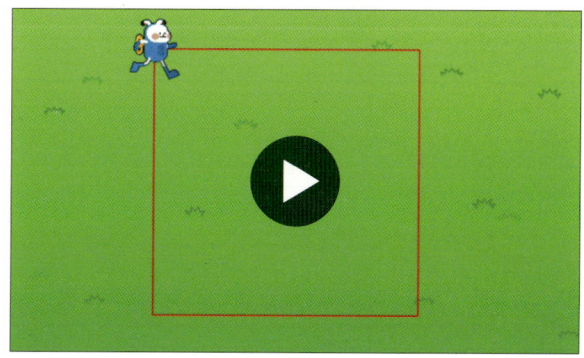

QR코드를 찍어 여러분이 코딩한 결과와 같은지 확인해 보세요.

연습 ◯의 숫자를 아래와 같이 바꾸고 엔트리봇이 처음 위치로 올 때까지 실행해 보세요.

코딩 02 울타리 칠 자리를 한 번에 그리도록 코딩하세요.

① bit.ly/엔트리도형편_02 에 접속하여 **코딩 2** 장면을 선택하세요.

② 아래의 순서대로 블록을 조립하고, ◯에 각각 숫자를 입력합니다.

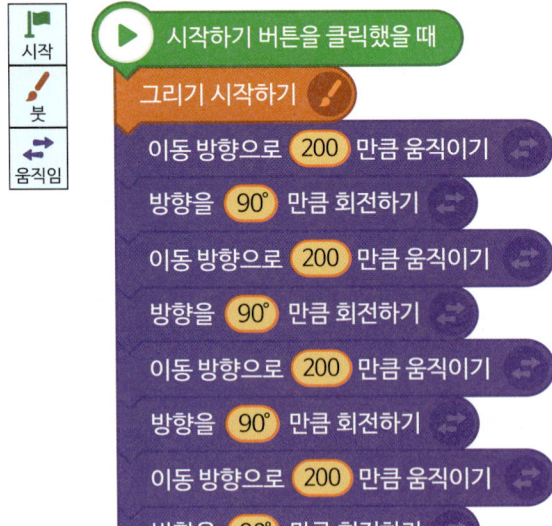

똑같은 코드가 몇 번 반복되는지 세어 봐!

30

엔트리 TIP — 코드 복사와 삭제

똑같은 블록들을 여러 번 사용해야 할 때는 복사하기 기능을 사용하면 매우 편리합니다. 복사할 블록들의 맨 위 블록에 커서를 두고 마우스의 오른쪽 버튼을 클릭하면 다음과 같이 작은 창이 나타나요. 코드를 삭제하고 싶을 때에는 코드 삭제를 선택하면 돼요.

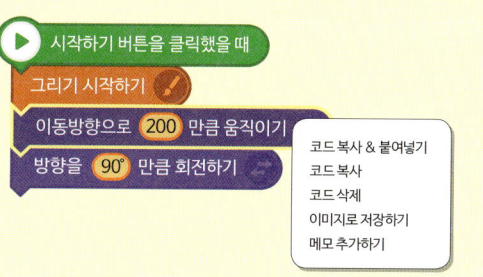

3 앞에서 만든 코드에서 엔트리봇이 회전하며 선을 긋는 과정을 볼 수 있도록 아래와 같이 블록을 조립하고 실행해 보세요.

그린 모양은 같은데 회전하는 모양이 다르네!

2장 울타리 자리 그리기 31

④ 앞에서 만든 코드를 보면 규칙을 발견할 수 있을 거예요. 바로 똑같은 블록들이 반복된다는 것이지요. 이렇게 똑같은 블록을 여러 번 사용하는 경우에는 **반복하기** 블록을 사용해서 블록의 개수를 줄일 수 있답니다. 앞에서 만든 코드 중에 **B코드**를 아래와 같이 만들어 보세요.

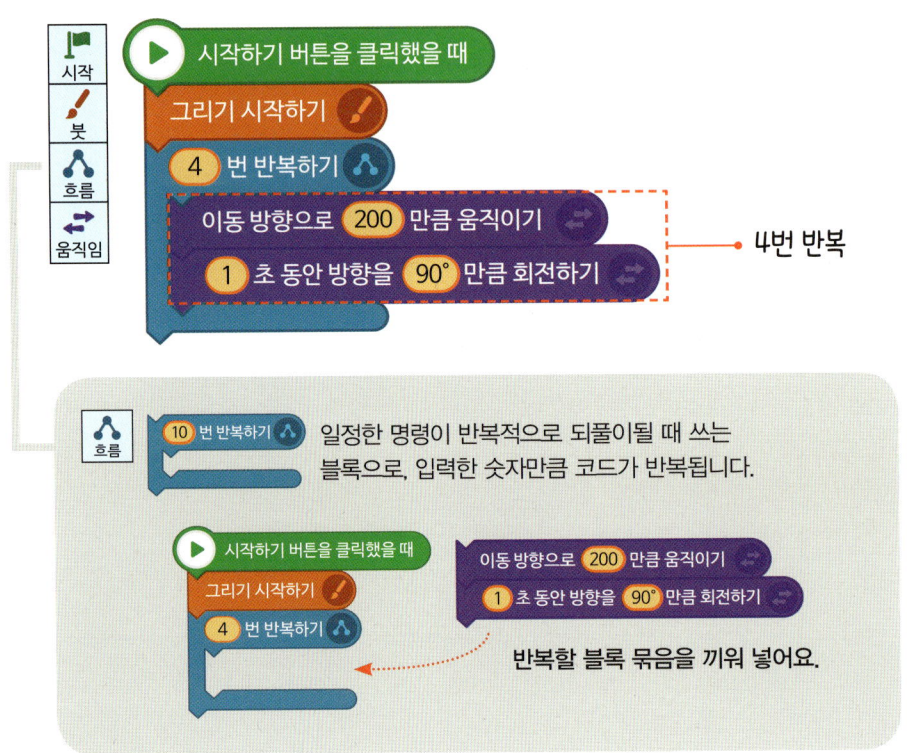

엔트리 TIP 루프(Loop)

루프(Loop)는 컴퓨터가 주어진 조건을 만족할 때까지 어떤 일을 반복해서 실행하는 것입니다. 따라서 반복되는 블록이 있을 때 루프를 사용하면 훨씬 쉽고 단순하게 코딩을 할 수 있습니다. 엔트리에서는 **반복하기** 블록을 사용하여 블록의 개수를 줄일 수 있고 구조를 한눈에 알아볼 수 있습니다. 엔트리 반복 블록에는 다음과 같은 것들이 있습니다.

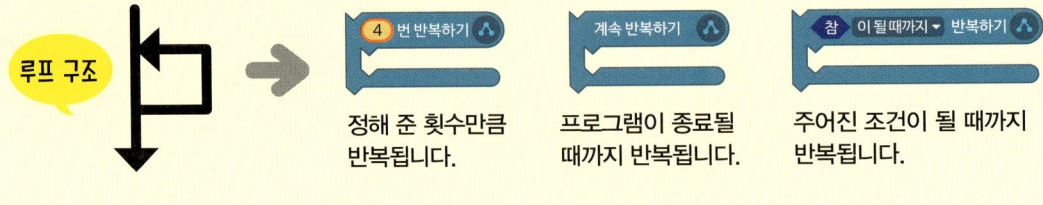

 ▶시작하기 를 눌러 반복하기 블록을 써서 완성된 도형의 모양을 관찰해 보세요.
■정지하기 를 누르면 엔트리봇이 원위치로 돌아옵니다.

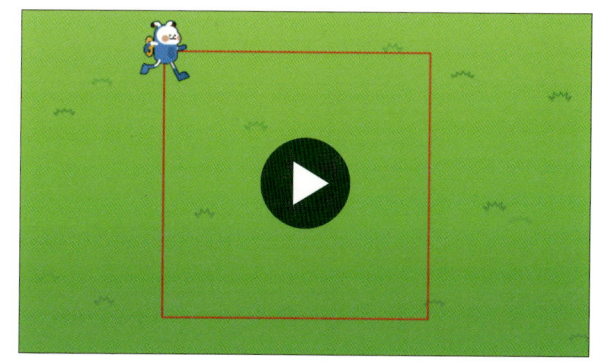

코딩 03 **걷고 말하면서 울타리 자리를 그리도록 코딩하세요.**

① bit.ly/엔트리도형편_02 에 접속하여 **코딩 3** 장면을 선택하세요.

② 엔트리봇이 걷는 것처럼 보이게 하려면 다른 모양의 엔트리봇을 연속해서 보여 주면 됩니다. 우선 아래의 순서대로 블록을 조립하고, 에 각각 숫자를 입력합니다.

③ 엔트리봇이 말하게 하려면 **말하기** 블록을 추가하면 됩니다.
아래의 순서대로 블록을 조립하고, ◯ 에 각각 숫자와 내용을 입력합니다.

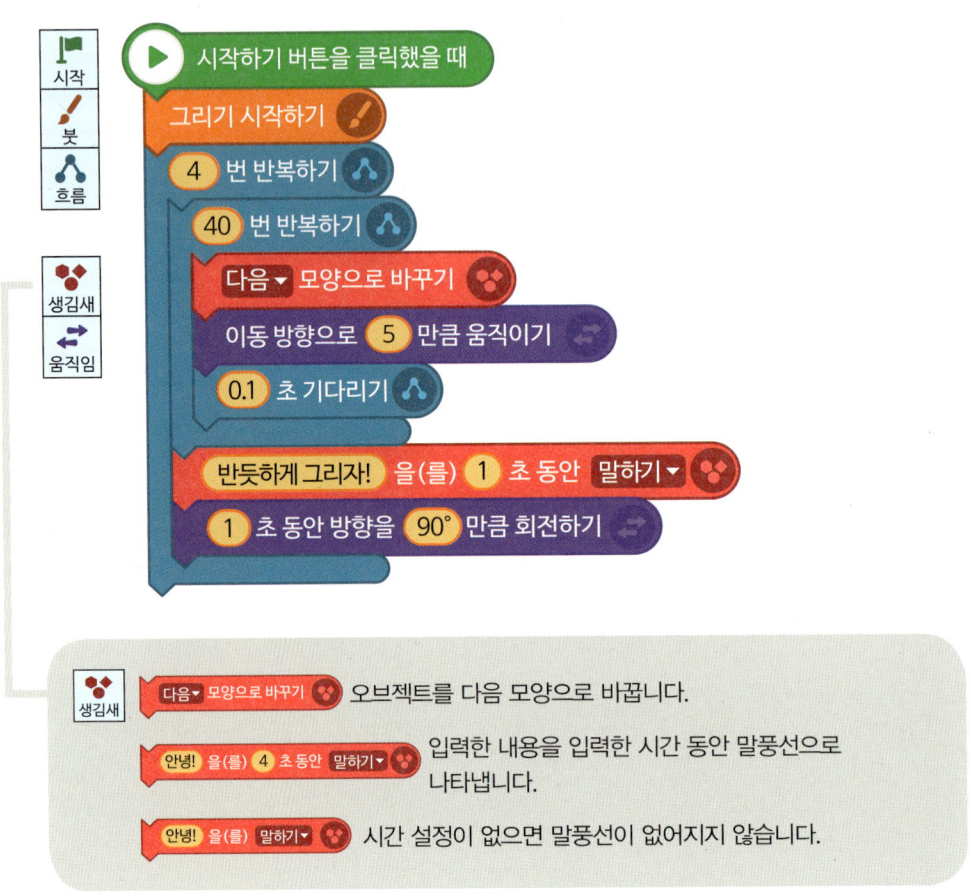

완성 시작하기 를 눌러 완성된 도형의 모양을 관찰해 보세요.  정지하기 를 누르면 엔트리봇이 원위치로 돌아옵니다.

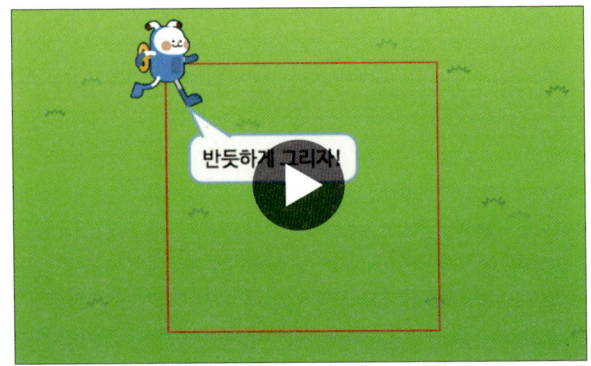

개념 톡톡! 엔트리랑 수학이랑

코딩 1에서 엔트리봇이 울타리 칠 자리를 그리도록 코드를 만든 다음, 엔트리봇을 몇 번 클릭했나요?

4번!

한 번 클릭할 때마다 엔트리봇은 200 만큼 이동하고,

90도 회전했어요.

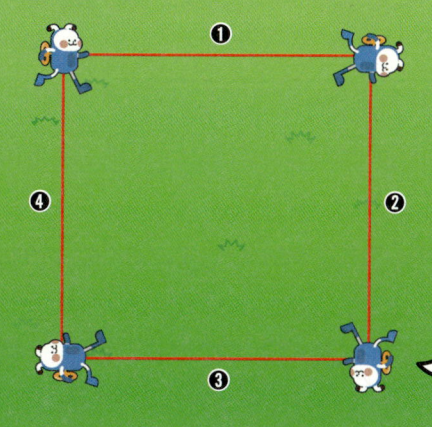

그랬더니 사각형이 완성되었지요. 엔트리봇이 그린 사각형과 코드를 자세히 관찰해 보세요.

완성된 코드를 보면서 규칙을 발견했을 거예요. 바로 똑같은 블록들이 **4번** 반복된다는 것이죠.

즉 네 변의 길이가 같고, 네 각이 직각으로 같다는 뜻이랍니다. 이 사각형이 바로 **정사각형**이에요.

2장 울타리 자리 그리기 35

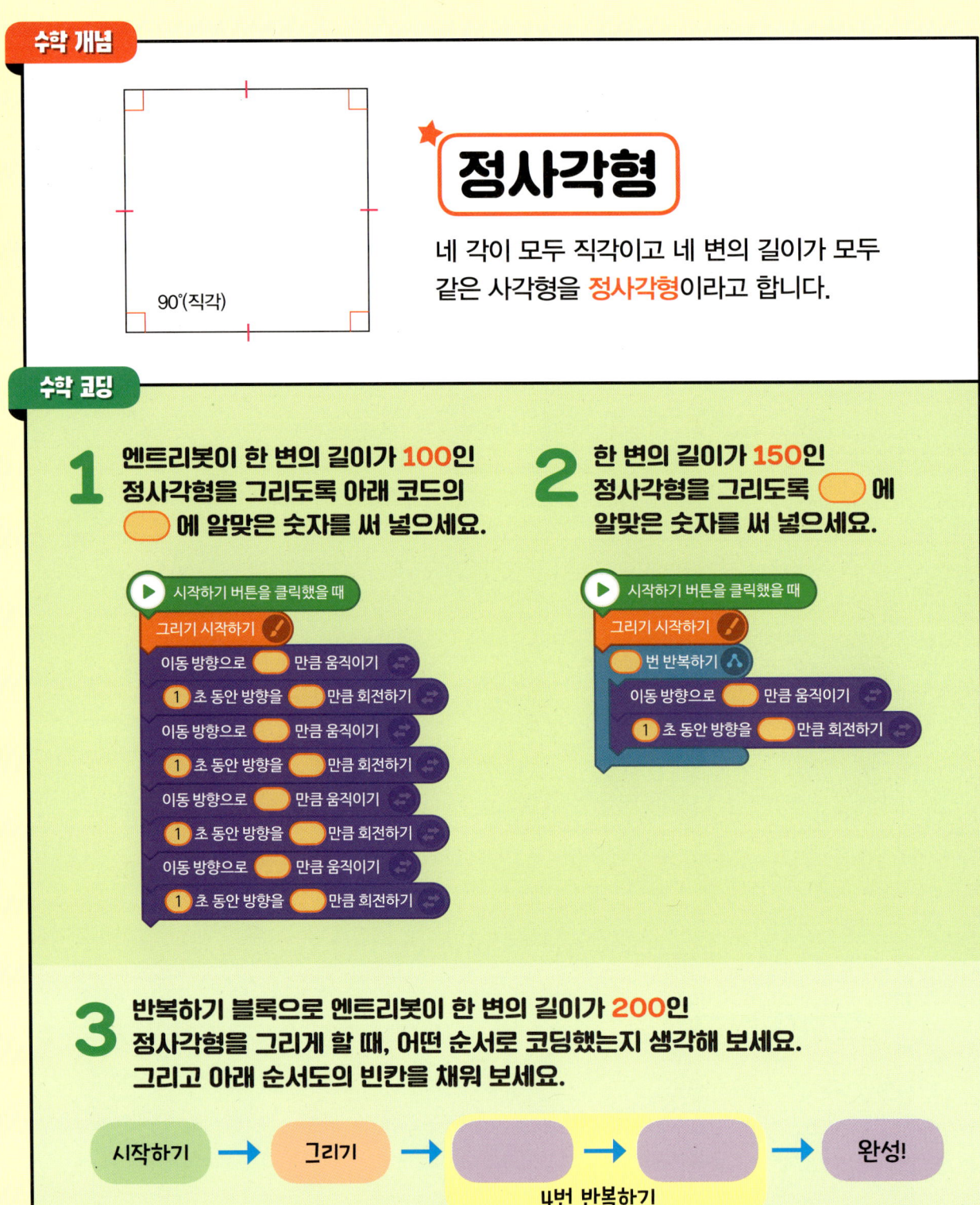

3-1 · 2단원 평면도형

03

농구 코트 그리기

이런! 운동장에 농구 코트가 지워져서 다시 그려야 해요.
농구 코트의 가로는 280, 세로는 150이에요.
엔트리봇이 지워진 농구 코트를 그릴 수 있도록 코딩해 보세요.

"농구 코트를 정해진 크기대로 그리도록 명령해 줘!"

"숫자 값만 정확히 입력하면 그릴 수 있지."

3장 농구 코트 그리기 37

엔트리봇이 농구 코트를 그리도록 코딩하세요.

① bit.ly/엔트리도형편_03 에 접속하여 **코딩 1** 장면을 선택하세요.

② 엔트리봇을 선택하고 아래의 순서대로 블록을 조립합니다. 🟠에 각각 숫자를 입력합니다.

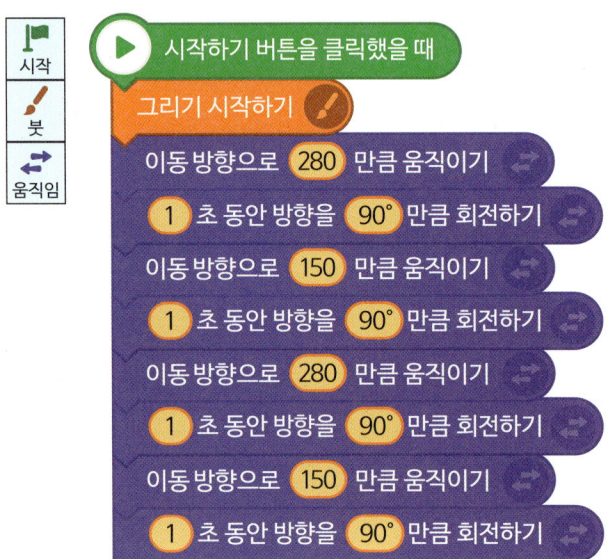

③ ▶시작하기 를 클릭하고 엔트리봇이 어떻게 움직이는지 확인해 보세요.

④ 이번에는 반복 블록을 사용하여 코드를 만들어 볼까요?
2의 코드에서 반복되는 블록을 찾아보세요. 몇 번 반복하면 될까요?

완성 시작하기 를 눌러 반복 블록 코드로 완성된 도형의 모양을 관찰해 보세요.
 정지하기 를 누르면 엔트리봇이 원위치로 돌아옵니다.

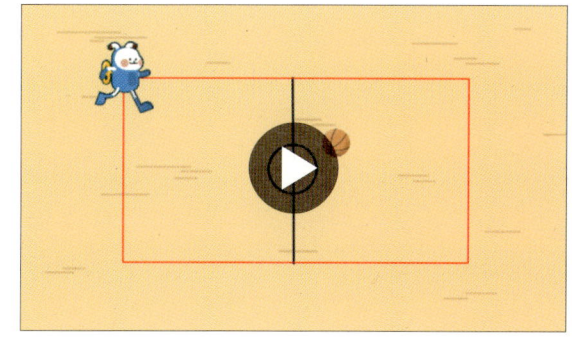

연습 ⬭의 숫자를 아래와 같이 바꾸어 입력한 다음 실행해 보세요.

A
- 시작하기 버튼을 클릭했을 때
- 그리기 시작하기
- 2 번 반복하기
  - 이동 방향으로 200 만큼 움직이기
  - 1 초 동안 방향을 90° 만큼 회전하기
  - 이동 방향으로 100 만큼 움직이기
  - 1 초 동안 방향을 90° 만큼 회전하기

B
- 시작하기 버튼을 클릭했을 때
- 그리기 시작하기
- 2 번 반복하기
  - 이동 방향으로 300 만큼 움직이기
  - 1 초 동안 방향을 90° 만큼 회전하기
  - 이동 방향으로 200 만큼 움직이기
  - 1 초 동안 방향을 90° 만큼 회전하기

C
- 시작하기 버튼을 클릭했을 때
- 그리기 시작하기
- 2 번 반복하기
  - 이동 방향으로 100 만큼 움직이기
  - 1 초 동안 방향을 90° 만큼 회전하기
  - 이동 방향으로 50 만큼 움직이기
  - 1 초 동안 방향을 90° 만큼 회전하기

네가 명령하는 대로 사각형이 그려질 거야.

3장 농구 코트 그리기

다른 방법으로 농구 코트 그리기를 코딩하세요.

① 이번에는 직접 키를 지정하고 그 키를 누르면 엔트리봇이 농구 코트를 그리도록 코딩해 볼 거예요. bit.ly/엔트리도형편_03 에 접속하여 **코딩 2** 장면을 선택하세요.

② 아래의 순서대로 블록을 조립하고, ◯ 에 각각 숫자를 입력합니다.

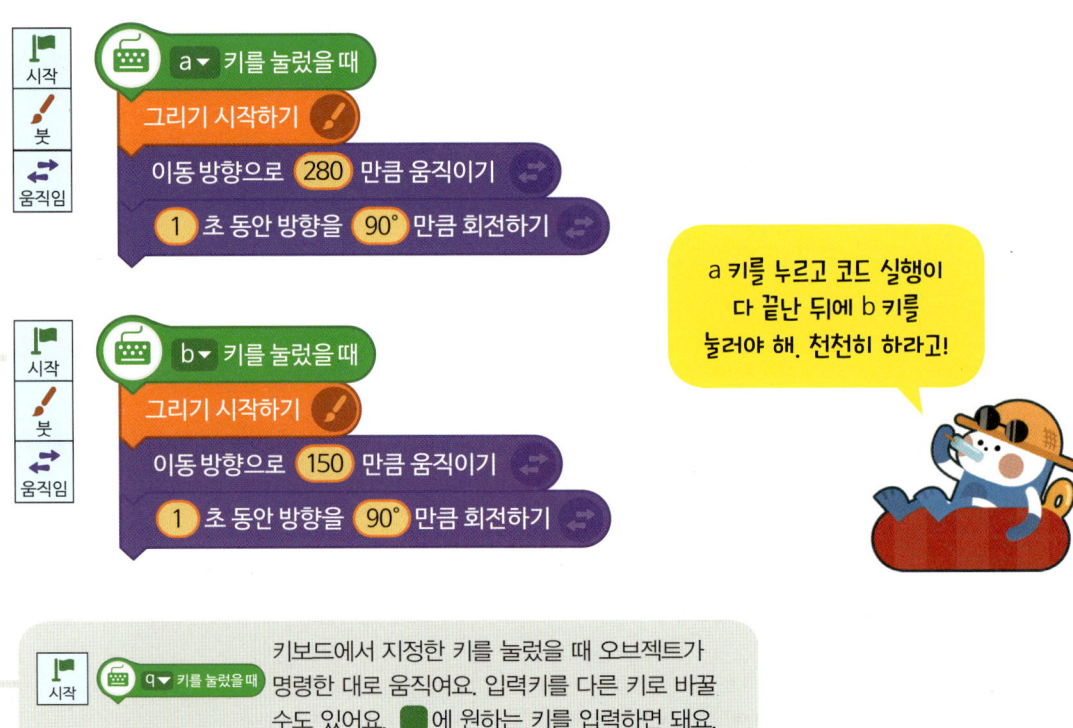

③ 아래의 두 가지의 경우로 실행해 보세요. 오브젝트는 여러분이 명령을 내린 대로만 움직여요. 그러므로 반드시 정확한 순서대로 실행해야만 원하는 결과를 얻을 수 있습니다.

A a ▶ b ▶ a ▶ b 순서로 실행

B b ▶ a ▶ b ▶ a 순서로 실행

40

완성 완성된 도형의 모양을 관찰해 보세요. 어떤 차이가 있나요?

A    B

연습 의 숫자를 아래와 같이 바꾸어 입력한 다음,
마우스 ▶ 스페이스 키의 순서대로 실행하여 도형을 만들어 보세요.

엔트리 TIP 알고리즘 (Algorithm)

우리는 어떤 문제를 해결하기 위해 해야 할 일들을 순서대로 계획하지요. 컴퓨터 프로그램을 짤 때도 비슷합니다. 컴퓨터에게 해야 할 일들을 차근차근 순서대로 정확하게 지시해야 해요. 바로 이 순서들이 **알고리즘**입니다. 2장에서 코딩을 한 뒤에 순서도를 완성했었지요? 이게 바로 여러분이 알고리즘을 완성한 거예요. 컴퓨터는 여러분이 시키는 대로만 움직인다는 사실을 잊지 마세요!

알고리즘 순서대로 실행!

다양한 색과 굵기로 코트를 그리도록 코딩하세요.

① bit.ly/엔트리도형편_03 에 접속하여 **코딩 3** 장면을 선택하세요.

② 농구 코트 선을 노란색으로 좀 더 굵게 그려 볼까요? 또 농구 코트를 그리면서 엔트리봇이 말하도록 코딩해 보세요. 아래의 순서대로 블록을 조립합니다.

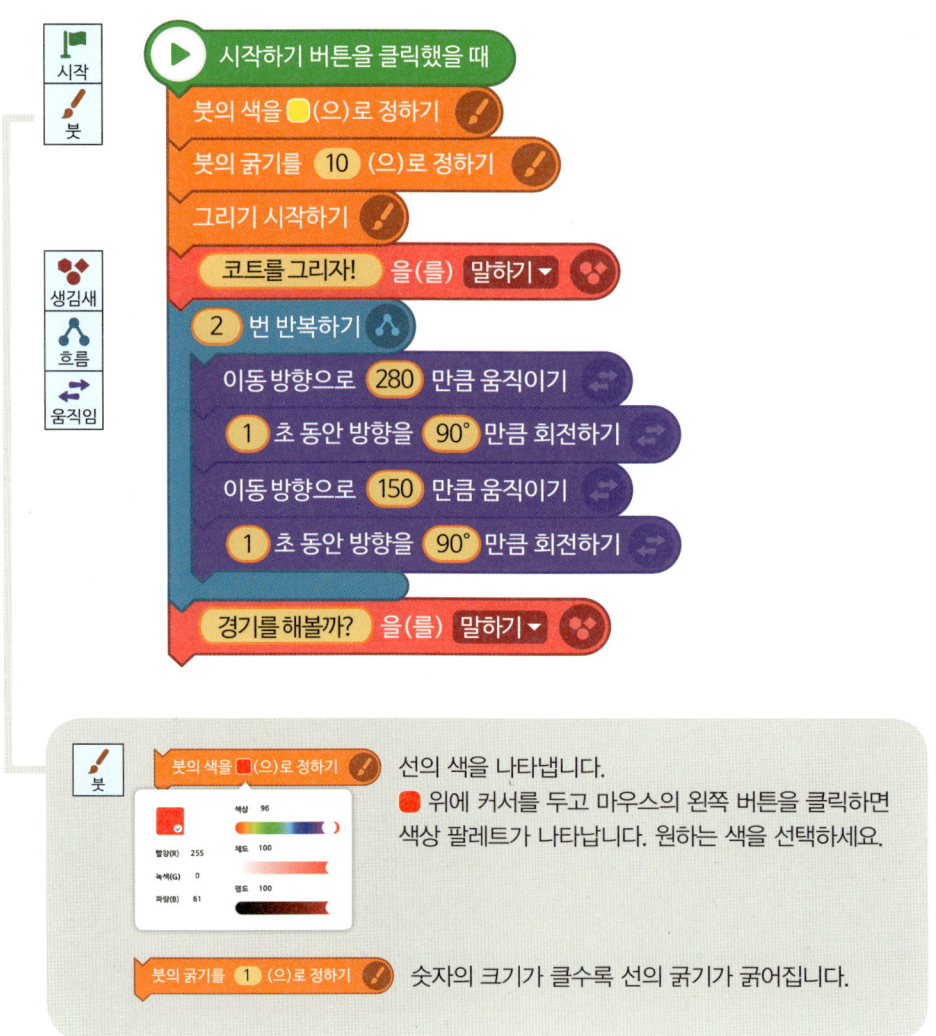

42

▶시작하기 를 눌러 완성된 도형의 모양을 관찰해 보세요.

 붓의 색과 굵기, 블록의 순서를 아래와 같이 바꾸어 입력한 다음 실행해 보세요.

A

- 시작하기 버튼을 클릭했을 때
- 그리기 시작하기
- 2 번 반복하기
- 붓의 굵기를 1 만큼 바꾸기
- 붓의 색을 ■(으)로 정하기
- 이동 방향으로 280 만큼 움직이기
- 1 초 동안 방향을 90° 만큼 회전하기
- 붓의 굵기를 5 만큼 바꾸기
- 붓의 색을 ●(으)로 정하기
- 이동 방향으로 150 만큼 움직이기
- 1 초 동안 방향을 90° 만큼 회전하기

B

- 시작하기 버튼을 클릭했을 때
- 그리기 시작하기
- 붓의 굵기를 3 (으)로 정하기
- 붓의 색을 ■(으)로 정하기
- 2 번 반복하기
- 이동 방향으로 280 만큼 움직이기
- 1 초 동안 방향을 90° 만큼 회전하기
- 이동 방향으로 150 만큼 움직이기
- 1 초 동안 방향을 90° 만큼 회전하기
- 붓의 굵기를 3 만큼 바꾸기
- 붓의 색을 ●(으)로 정하기

3장 농구 코트 그리기 43

엔트리랑 수학이랑

농구 코트가 생각한 대로 잘 그려졌나요?

완성된 농구 코트의 모습을 자세히 볼까요? 마주 보는 두 변의 길이가 같고 평행하지요. 또 네 각이 모두 직각입니다.

농구 코트를 그릴 때 똑같은 블록 묶음을 몇 번 반복하여 코딩했는지 기억하나요?

280만큼 이동하고 90도 회전하기, 150만큼 이동하고 90도 회전하기를 2번 반복했어요.

키를 눌러 명령을 실행할 때 역시 똑같은 명령을 두 번 반복했지요. 이렇게 네 각이 직각이고 마주 보는 두 변의 길이가 같은 사각형을 **직사각형**이라고 해요.

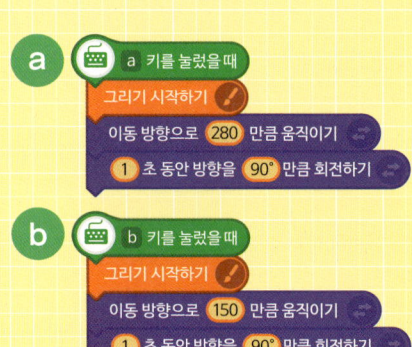

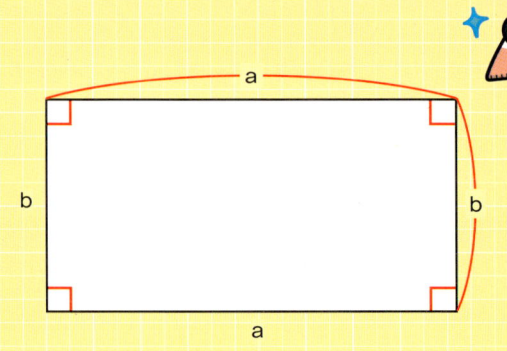

자, 이제 직사각형의 특징을 정리해 볼까요?

첫째, 네 각이 모두 직각이다.
둘째, 마주 보는 변이 평행이다.
셋째, 마주 보는 변의 길이가 같다.

그럼 직사각형과 정사각형의 차이점은 무엇일까요?

위에서 정리한 직사각형의 특징 중 첫 번째, 두 번째 특징은 정사각형도 같아요.
하지만 정사각형은 네 변의 길이가 모두 똑같답니다.

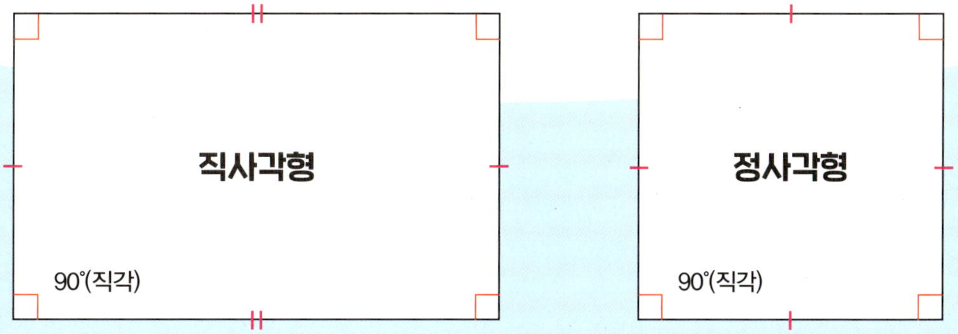

직사각형
90°(직각)

정사각형
90°(직각)

수학 개념

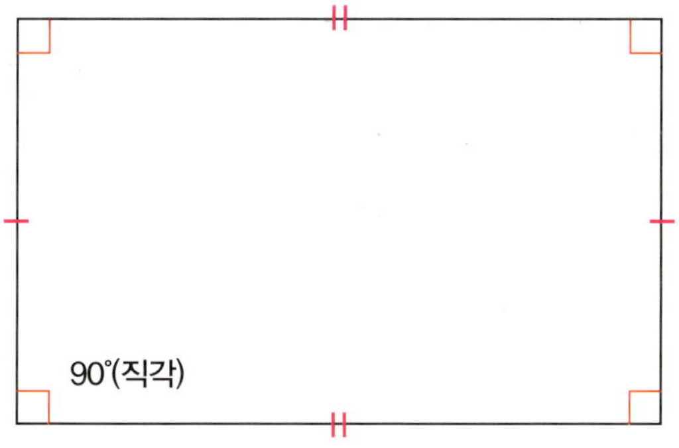

90°(직각)

직사각형

네 각이 모두 직각인 사각형을 **직사각형**이라고 합니다.

3장 농구 코트 그리기 45

수학 코딩

1 엔트리봇이 그림과 같은 직사각형을 그리도록 아래 코드의 ⬭ 에 알맞은 숫자를 써 넣으세요.

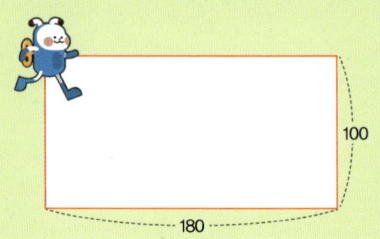
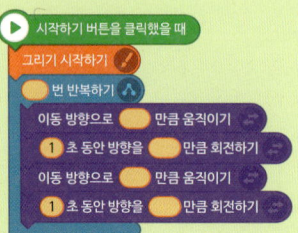

2 오른쪽 블록의 순서로 코딩하면 엔트리봇이 어떤 직사각형을 그릴까요? 빈칸에 알맞은 숫자를 써 넣으세요.

3 오른쪽의 코드를 이용해서 그림과 같은 정사각형을 그려 보세요. 빈칸에 알맞은 숫자를 써 넣으세요.

4 엔트리봇이 직사각형을 그릴 때 어떤 순서로 코딩했는지 생각해 보고 아래 순서도의 빈칸을 채워 보세요.

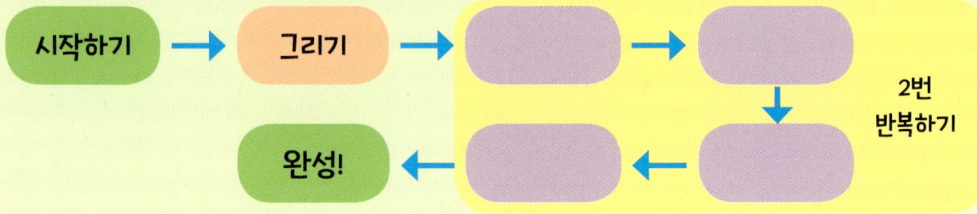

4-2 · 4단원 사각형

장애물 달리기

엔트리봇에게 장애물 달리기 훈련을 시켜 볼까요?
첫 번째 미션은 깃발 지나 달리기예요. 깃발 사이의 거리는 150으로 모두 같습니다.
엔트리봇이 빨강, 노랑, 초록 깃발을 차례대로 지나 제자리로 돌아오도록 코딩해 보세요.

깃발을 차례대로 지나야 해.

코드가 정확하면 문제없지!

빨강, 노랑, 초록 깃발 순서로 돌아오도록 코딩하세요.

① bit.ly/엔트리도형편_04 에 접속하여 **코딩 1** 장면을 선택하세요.

② 오브젝트 목록에서 **엔트리봇**을 선택한 다음, 아래의 순서대로 블록을 조립하고 ◯ 에 각각 숫자를 입력합니다. ▶시작하기 를 눌러 두 개의 코드 결과를 비교해 보세요. 어떤 점이 다른가요?

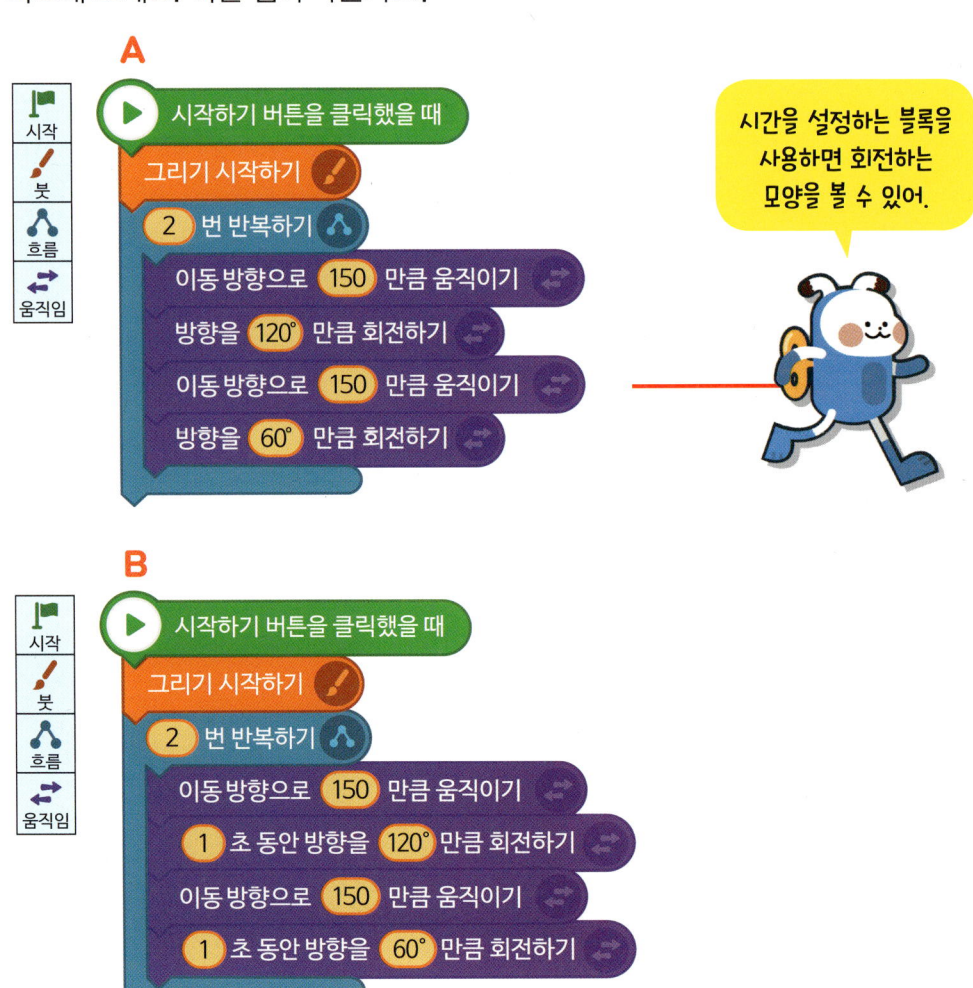

시간을 설정하는 블록을 사용하면 회전하는 모양을 볼 수 있어.

 B코드에서 엔트리봇이 어떻게 움직이는지 확인해 보세요. 엔트리봇이 빨강, 노랑, 초록 깃발을 순서대로 지나 제자리로 돌아오나요? 완성된 도형은 어떤 모양인지 관찰해 보세요. 정지하기 를 누르면 엔트리봇이 원위치로 돌아옵니다.

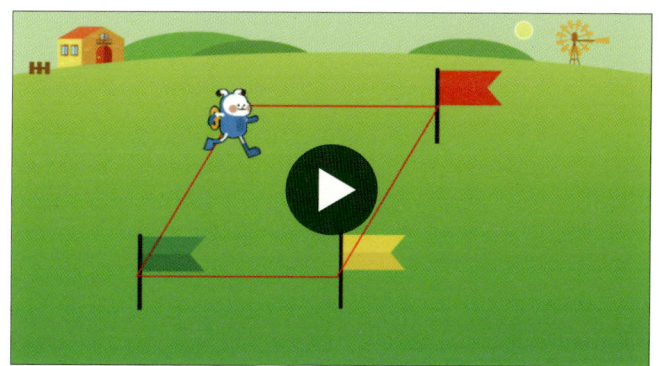

 이번에는 지정한 키를 누르면 엔트리봇이 이동하도록 코딩해 볼까요?
아래 코드에 여러분이 원하는 키와 숫자를 넣어 도형을 그리는 코드를 실행해 보세요.

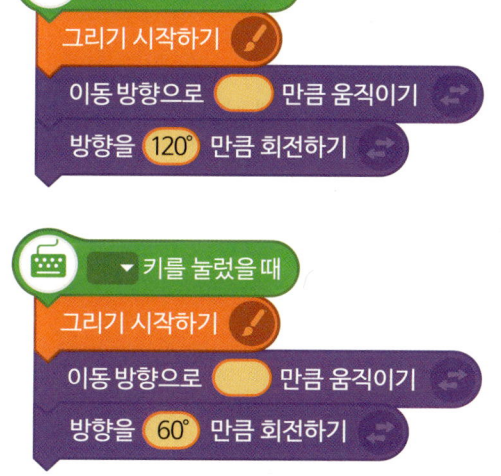

기억하지? 키를 누를 때는 엔트리봇이
완전히 멈춘 후 눌러야 해.
그래야 코드가 겹쳐서 실행되지 않아.

4장 장애물 달리기 **49**

빨강, 노랑, 초록 깃발 순서로 돌아오도록 코딩하세요.

① bit.ly/엔트리도형편_04 에 접속하여 **코딩 2** 장면을 선택하세요.

② 앗! 이번엔 깃발의 위치가 바뀌었어요. 오브젝트 목록에서 엔트리봇을 선택하세요. 아래의 순서대로 블록을 조립하고, ◯에 각각 숫자를 입력합니다.

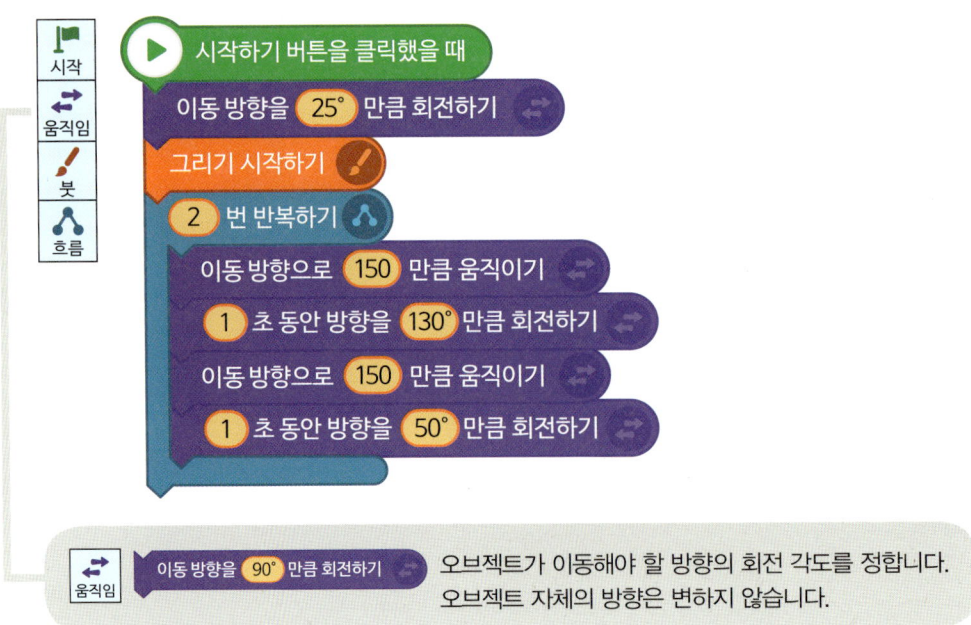

오브젝트가 이동해야 할 방향의 회전 각도를 정합니다. 오브젝트 자체의 방향은 변하지 않습니다.

50

3 실행 결과를 보니 엔트리봇이 거꾸로 달리는 모습이 자연스럽지 않네요.
아래의 순서대로 블록을 다시 조립해 보세요.

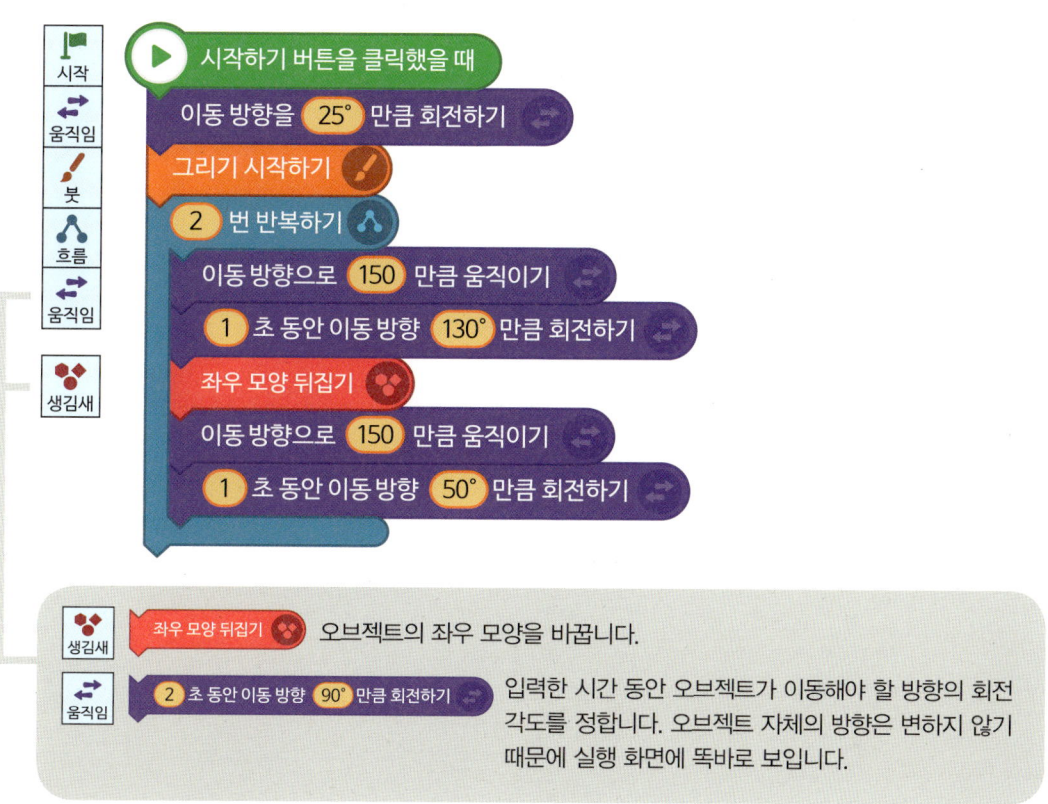

완성 ▶시작하기 를 누르고 엔트리봇이 어떻게 움직이는지 확인해 보세요.
또 완성된 도형은 어떤 모양인지 관찰해 보세요.

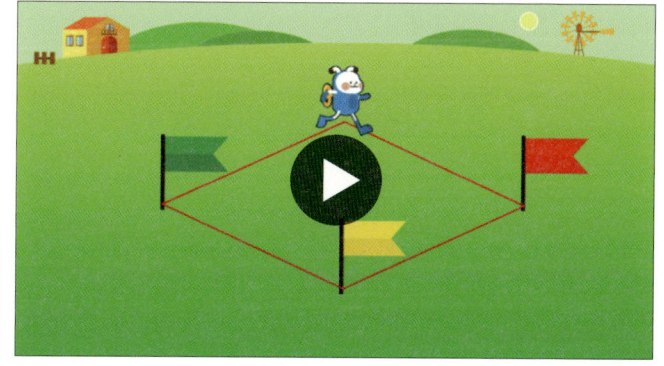

오브젝트의 이동 방향

1. 오브젝트의 방향을 지시하는 블록을 비교해 볼까요?

오브젝트의 방향을 바꾼다.	오브젝트의 방향을 바꾸지 않고 이동 방향을 바꾼다.
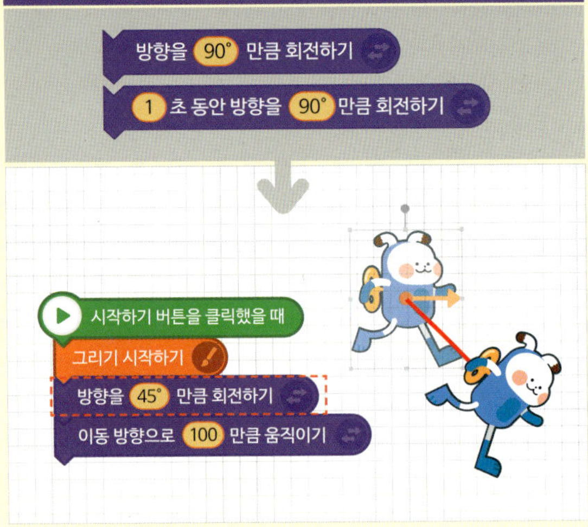 방향을 90° 만큼 회전하기 1 초 동안 방향을 90° 만큼 회전하기	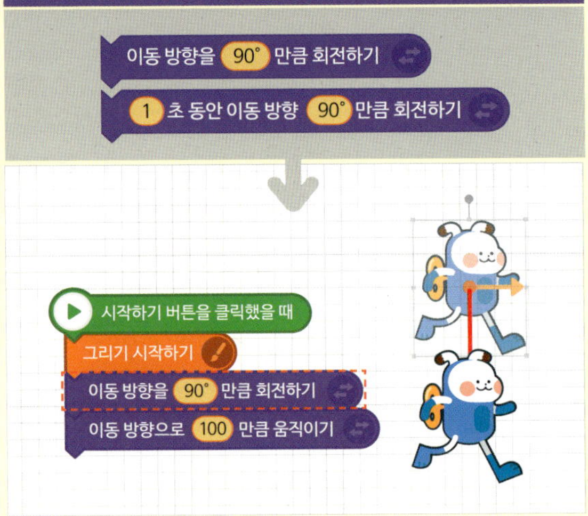 이동 방향을 90° 만큼 회전하기 1 초 동안 이동 방향 90° 만큼 회전하기

시작하기 버튼을 클릭했을 때
그리기 시작하기
방향을 45° 만큼 회전하기
이동 방향으로 100 만큼 움직이기

시작하기 버튼을 클릭했을 때
그리기 시작하기
이동 방향을 90° 만큼 회전하기
이동 방향으로 100 만큼 움직이기

2. 마우스로 방향점과 이동 방향을 조절할 수도 있어요. (15쪽 참조)

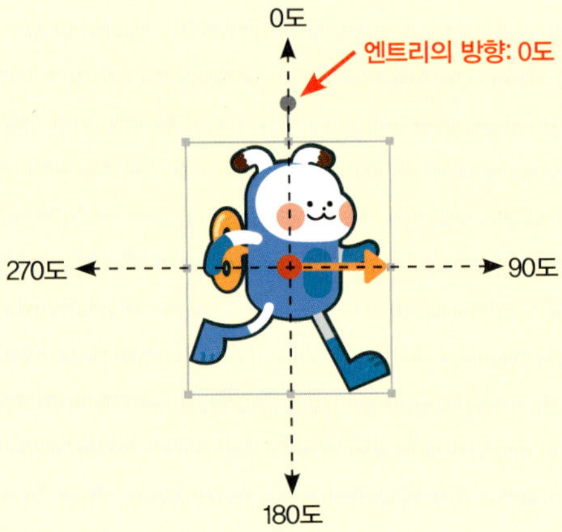

0도
엔트리의 방향: 0도
270도 ◀ ─ ─ ─ ▶ 90도
180도

❶ **방향점 돌리기**
방향점을 움직여 원하는 방향으로 오브젝트를 회전시킬 수 있어요.

❷ **직접 입력하기**

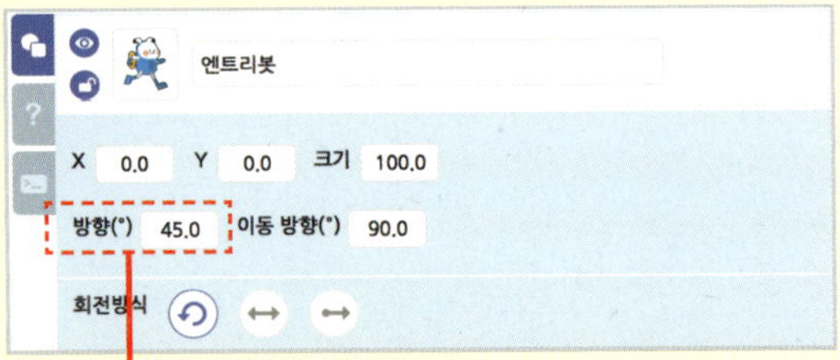

엔트리봇
X 0.0 Y 0.0 크기 100.0
방향(°) 45.0 이동 방향(°) 90.0
회전방식

원하는 회전 각도를 직접 입력합니다.

코딩 03

시계 방향으로 돌며 사과를 먹도록 코딩하세요.

① bit.ly/엔트리도형편_04 에 접속하여 **코딩 3** 장면을 선택하세요.

② 오브젝트 목록에서 **엔트리봇**을 선택한 다음, 아래의 순서대로 블록을 조립하고 ●에 각각 숫자를 입력합니다.

4장 장애물 달리기 53

3 이번엔 엔트리봇에 사과가 닿으면 사라지도록 코딩할 거예요. 엔트리봇이 정말 사과를 먹는 것처럼요. 오브젝트 목록에서 **사과 1, 2, 3**을 각각 선택하여 아래의 순서대로 블록을 조립하고 ◆에 조건을 끼워 넣어 보세요.

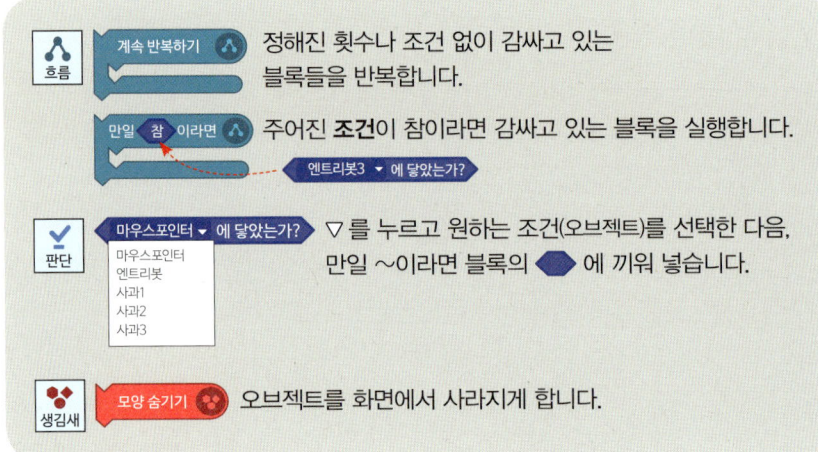

완성 시작하기 를 누르고 엔트리봇이 어떻게 움직이는지 확인해 보세요. 또 완성된 도형은 어떤 모양인지 관찰해 보세요.

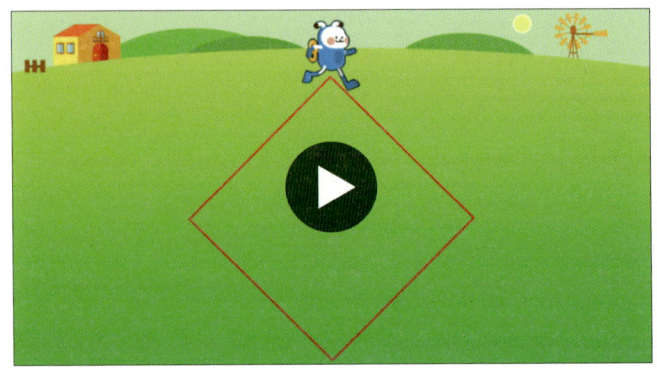

엔트리 TIP 조건:참과 거짓

컴퓨터 프로그램은 코드 순서에 따라 순차적으로 명령을 실행하지만, 조건이 주어지면 조건에 만족했는지를 판단하여 명령을 실행합니다. 조건 블록에는 다음과 같은 것들이 있습니다.

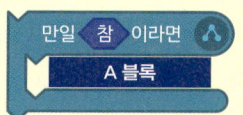 주어진 조건이 '**참**'이라면 A 블록을 실행합니다.

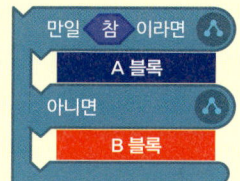 주어진 조건이 '**참**'이라면 A 블록을 실행하고, '**거짓**'이라면 B 블록을 실행합니다.

 엔트리봇이 뛰는 것처럼 보이게 하려면 어떤 코드를 추가해야 할까요?
아래의 순서대로 블록을 조립하고 ◯ 에 알맞은 숫자를 입력하여 실행해 보세요.

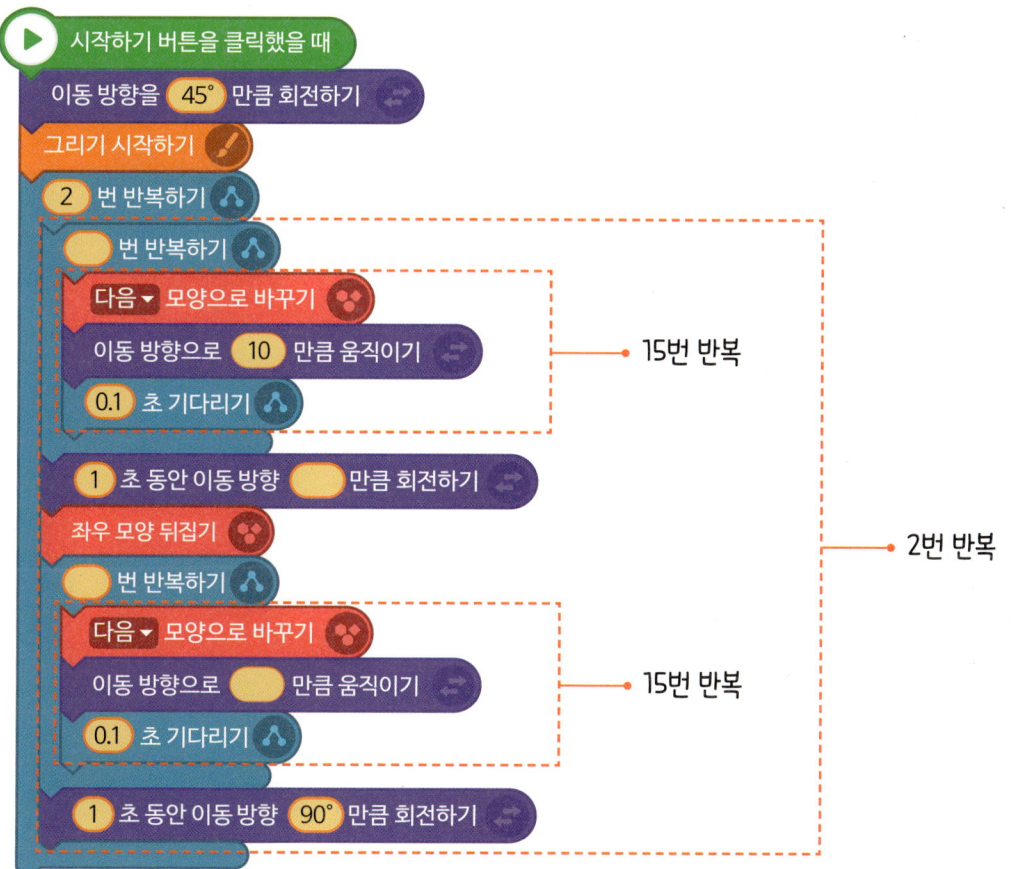

4장 장애물 달리기

이번 코딩도 즐거웠나요?

코딩 결과를 살펴보니 울타리 자리 그리기랑 비슷한 것도 같고, 농구 코트 그리기랑 비슷한 것도 같아요.

차근차근 코딩 결과를 살펴볼까요? 우선 세 개의 사각형 모두 변의 길이가 150으로 똑같아요.

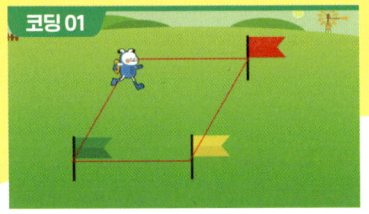
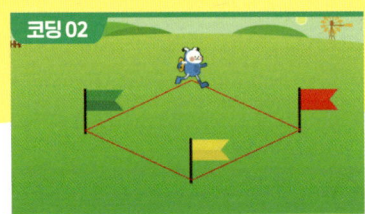
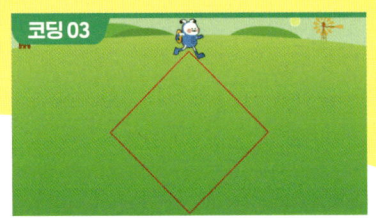

그런데 3개의 사각형에 다른 점이 있네요. 뭔지 발견했나요?

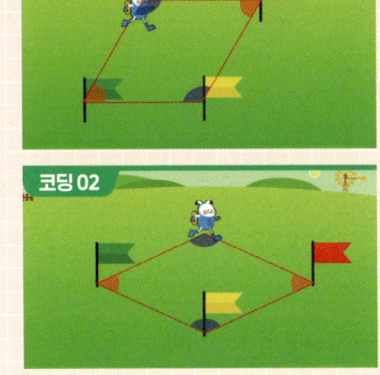

맞아요! 두 개의 사각형은 마주 보는 두 각의 크기가 같지요.

수학 코딩

1 엔트리봇이 각각의 마름모를 그릴 수 있도록 코딩해 보세요.

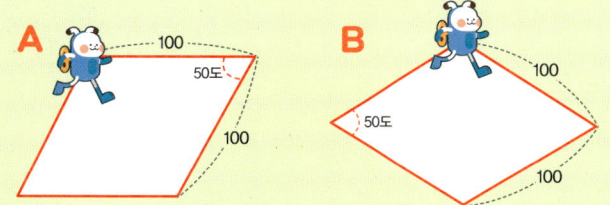

2 엔트리봇이 위와 같은 마름모를 그릴 때 각각 어떤 순서로 코딩했는지 생각해 보고 아래 순서도의 빈칸을 채워 보세요.

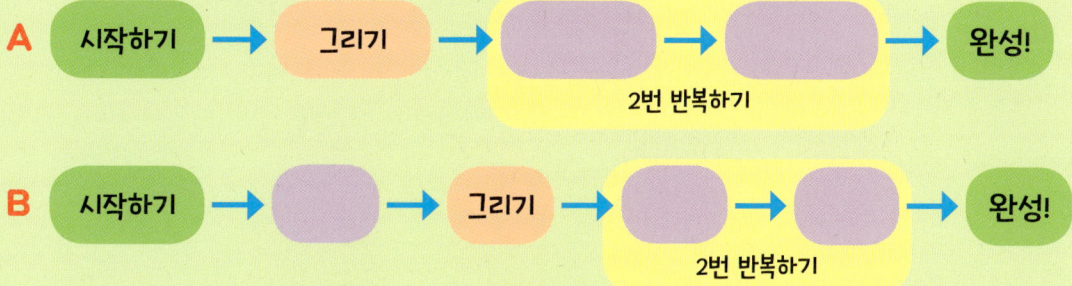

3 아래의 코드를 보며 마름모 그리기와 정사각형 그리기의 공통점과 차이점은 무엇인지 분석해 보세요.

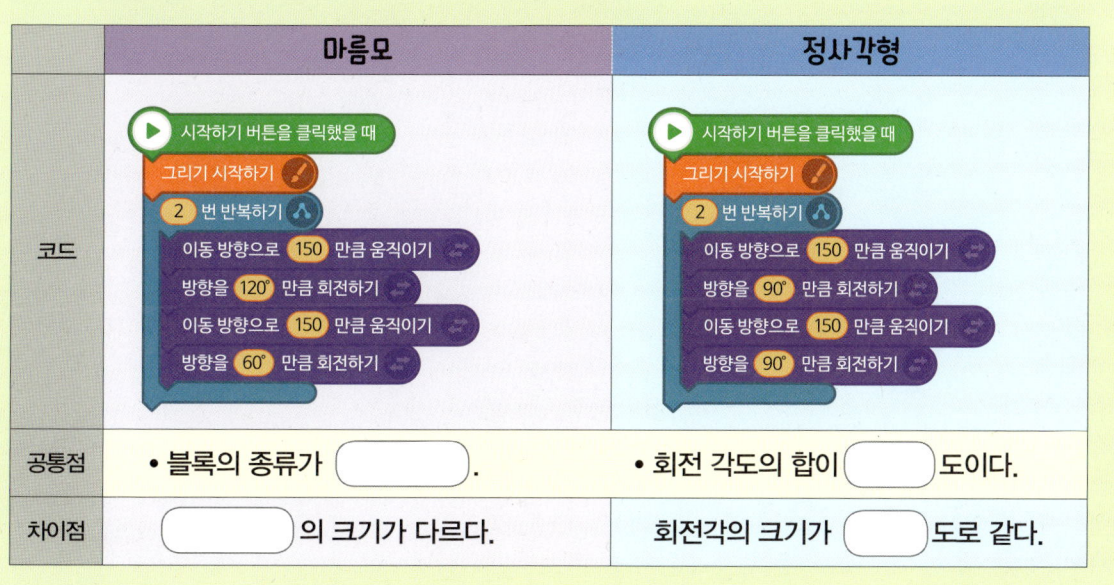

	마름모	정사각형
코드	(시작하기 버튼을 클릭했을 때 / 그리기 시작하기 / 2번 반복하기 / 이동 방향으로 150만큼 움직이기 / 방향을 120°만큼 회전하기 / 이동 방향으로 150만큼 움직이기 / 방향을 60°만큼 회전하기)	(시작하기 버튼을 클릭했을 때 / 그리기 시작하기 / 2번 반복하기 / 이동 방향으로 150만큼 움직이기 / 방향을 90°만큼 회전하기 / 이동 방향으로 150만큼 움직이기 / 방향을 90°만큼 회전하기)
공통점	• 블록의 종류가 ☐.	• 회전 각도의 합이 ☐도이다.
차이점	☐의 크기가 다르다.	회전각의 크기가 ☐도로 같다.

4장 장애물 달리기 59

05
화분에 물 주기

씨앗이 심어진 화분에 엔트리봇이 물을 주도록 해 볼까요?
엔트리봇이 시계 방향으로 차례대로 돌며
화분에 물을 주고 제자리로 돌아오도록 코딩해 보세요.

> 화분의 위치를 잘 관찰해 봐!

> 물조리개와 나는 같은 코드로 움직여야 해!

시계 방향으로 물을 주고 돌아오도록 코딩하세요.

① `bit.ly/엔트리도형편_05` 에 접속하여 **코딩 1** 장면을 선택하세요.

② 오브젝트 목록에서 **엔트리봇**을 선택한 다음, 아래의 순서대로 블록을 조립하고 🟠 에 각각 숫자를 입력합니다. 코드가 완성되면 블록의 맨 위에 커서를 놓고 마우스 오른쪽 버튼을 클릭하여 **코드 복사**를 선택합니다.

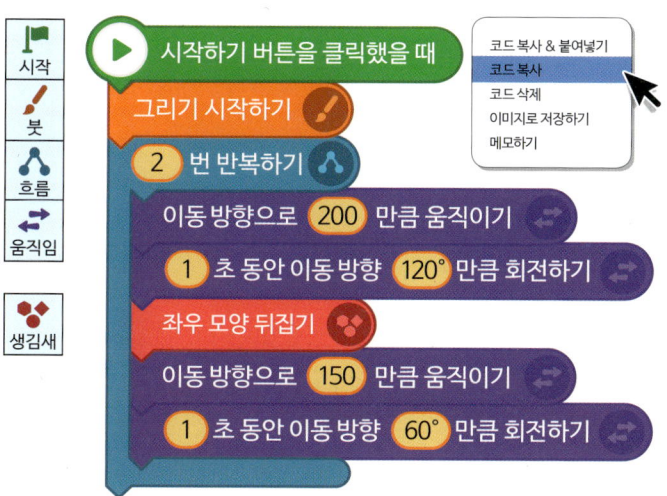

③ 화분에 물을 주려면 엔트리봇이 물조리개와 함께 이동해야겠죠? 물조리개도 엔트리봇과 똑같이 코딩할 거예요. 오브젝트 목록에서 **물조리개**를 선택한 다음, 블록 조립소에 커서를 대고 마우스 오른쪽 버튼을 클릭하여 **붙여넣기**를 선택하세요.

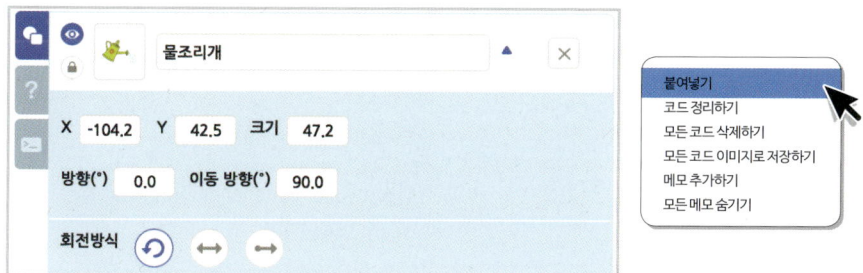

▶시작하기 를 누르고 엔트리봇이 어떻게 움직이는지 확인해 보세요. 또 완성된 도형은 어떤 모양인지 관찰해 보세요.

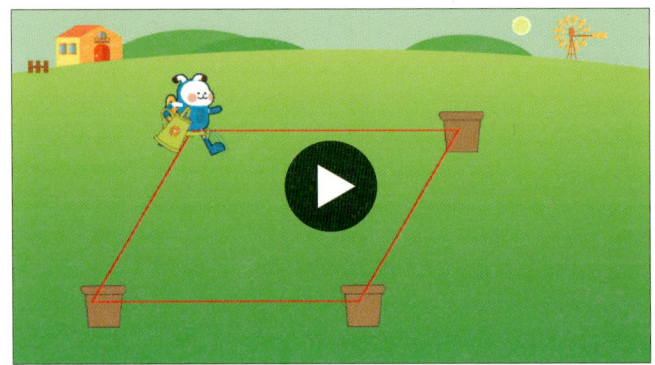

 이번에는 두 가지 코드를 조립해 봅시다. 키를 눌러 엔트리봇이 이동하는 코드와 엔트리봇이 걸어서 이동하는 코드를 만들어 볼까요? 아래 코드에 알맞은 숫자를 넣어 a ▶ b 순서로 눌러 실행해 보세요.

A

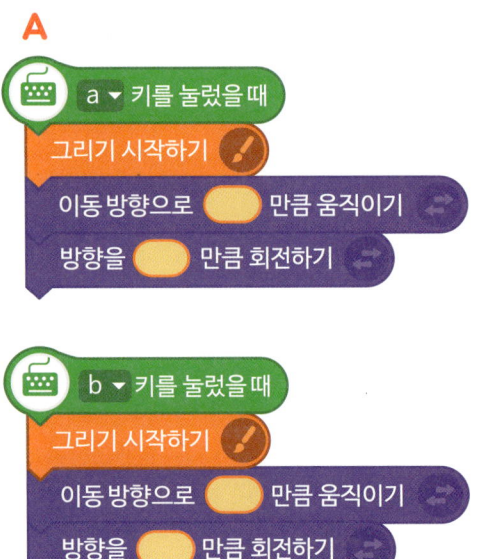

B

엔트리봇이 꽃밭의 울타리를 치도록 코딩하세요.

① bit.ly/엔트리도형편_05 에 접속하여 **코딩 2** 장면을 선택하세요.

② 엔트리봇이 국화와 데이지 꽃의 주위로 울타리를 치도록 코딩해 볼까요? 아래의 순서대로 블록을 조립하고, ◯에 각각 숫자를 입력합니다. 울타리의 색과 굵기를 바꿀 수 있는 블록도 추가해 보세요.

완성 ▶시작하기 를 누르고 엔트리봇이 어떻게 움직이는지 확인해 보세요. 또 완성된 도형은 어떤 모양인지 관찰해 보세요.

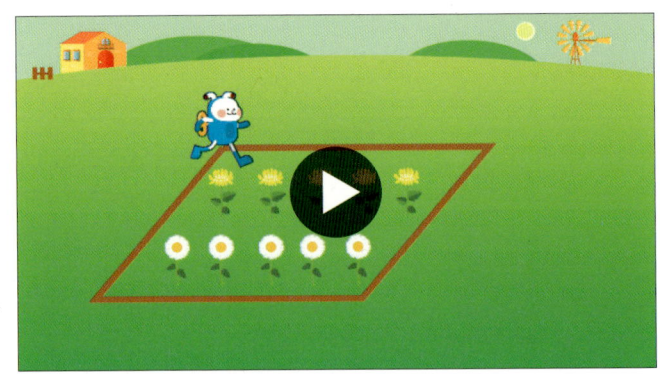

 연습 bit.ly/엔트리도형편_05 에 접속하여 **코딩 2_연습** 장면을 선택한 다음, 식물들의 주위로 울타리를 칠 수 있도록 코딩해 보세요. ◯ 에 어떤 숫자를 넣어야 할까요?

이번에는 꽃이 더 많네! 이동 거리를 조금씩 늘려 볼까?

코딩 03

화분에 물을 주면 꽃이 자라도록 코딩하세요.

① bit.ly/엔트리도형편_05 에 접속하여 **코딩 3** 장면을 선택하세요.

② 오브젝트 목록에서 **엔트리봇**을 선택한 다음, 아래의 순서대로 블록을 조립하고 완성된 코드를 복사하세요. 그다음, 오브젝트 목록에서 **물조리개**를 선택하고 블록 조립소에 코드를 붙여 넣습니다.

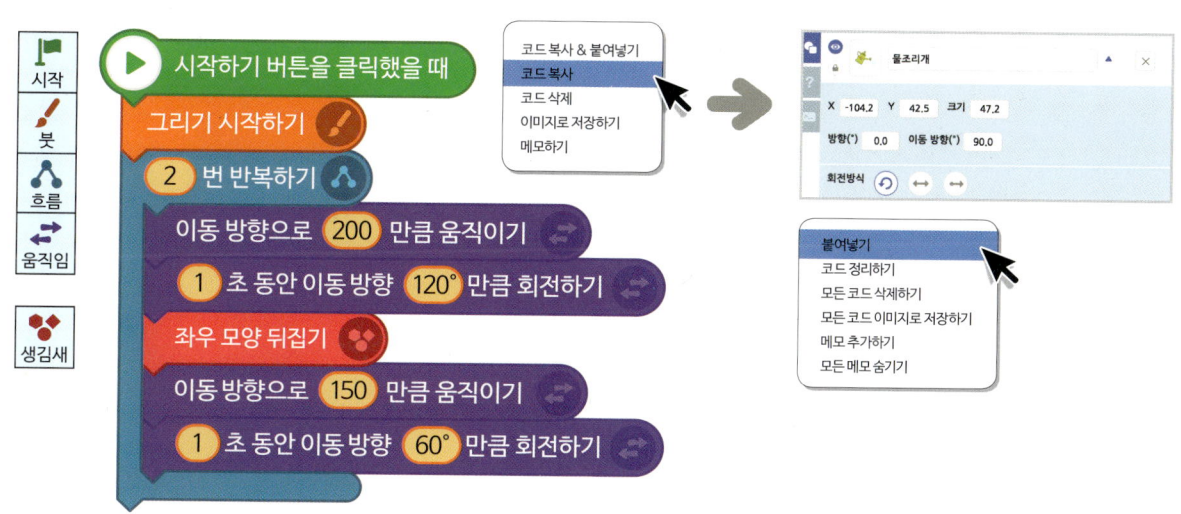

5장 화분에 물 주기 65

③ 이제 화분이 팬지 화분으로 변하는 코드를 만들 거예요.

❶ 우선 오브젝트 목록에서 **화분 1**을 선택한 다음, 모양 탭을 선택하세요.

❷ 모양 추가하기 버튼을 클릭하고 **팬지 화분**을 선택합니다.

❸ **팬지 화분_1**이 추가되면 화면 하단의 크기 항목에 X에 250, Y에 400을 넣으세요.

❹ 다시 **화분_1**을 선택하고 수정된 내용을 저장하라는 창이 뜨면 〈확인〉을 눌러 저장하세요.

※ 이때 오브젝트에 새로운 모양을 추가한 뒤에는 반드시 원래 모양을 클릭해야 해요.
한 오브젝트가 여러 모양을 가지고 있을 때는 마지막에 클릭한 모양부터 시작된답니다.

❺ **화분 2, 3**에도 위와 똑같이 팬지 화분 오브젝트를 넣어 주세요.

④ 오브젝트 목록에서 **화분 1**을 선택하고, 블록 조립소에 아래의 순서대로 블록을 조립하세요. 코드가 완성되면 복사하여 **화분 2, 3**에도 똑같이 붙여 넣으세요.

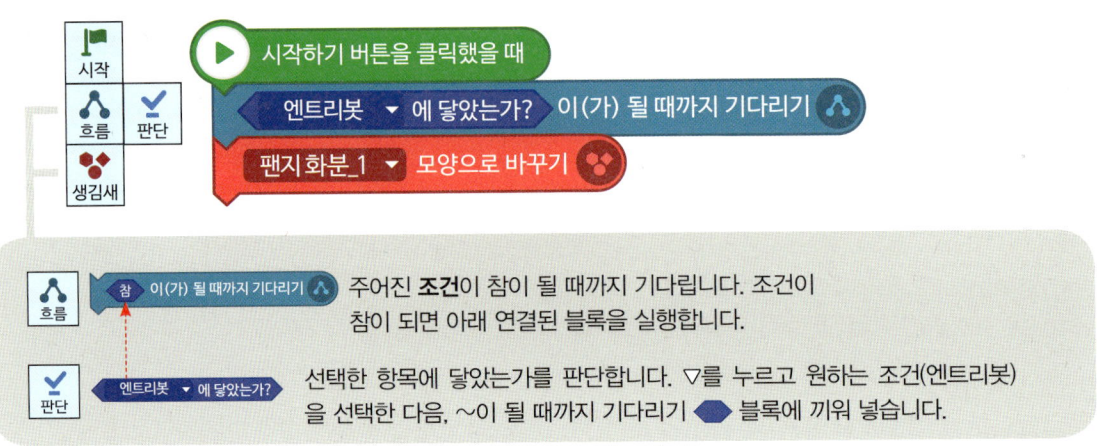

 완성 ▶시작하기 를 누르고 엔트리봇이 어떻게 움직이는지 확인해 보세요. 또 완성된 도형은 어떤 모양인지 관찰해 보세요.

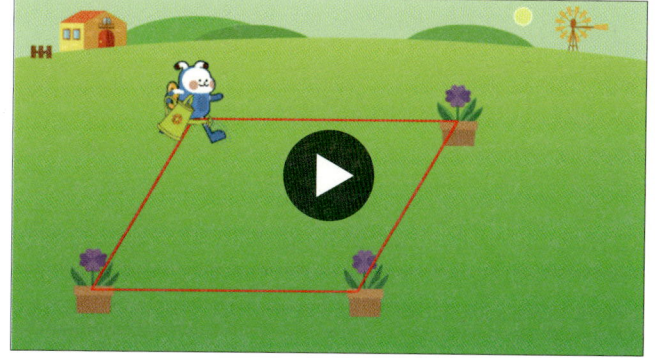

 **연습** 엔트리봇이 걷고 말하면서 이동하는 코드를 추가해 볼까요? 화분 1, 2, 3 코드는 아래와 같아요. 엔트리봇 코드와 물조리개 코드에 알맞은 숫자를 넣어 실행해 보세요.

엔트리봇 코드

- 시작하기 버튼을 클릭했을 때
- 그리기 시작하기
- ◯ 번 반복하기
  - 20 번 반복하기
    - 다음▼ 모양으로 바꾸기
    - 이동 방향으로 ◯ 만큼 움직이기
    - 0.1 초 기다리기
  - 1 초 동안 이동 방향 ◯ 만큼 회전하기
- ◯ 번 반복하기
  - 다음▼ 모양으로 바꾸기
  - 이동 방향으로 10 만큼 움직이기
  - 0.1 초 기다리기
  - 1 초 동안 이동 방향 ◯ 만큼 회전하기
- 쑥쑥 자랄 거야! 을(를) 말하기▼

물조리개 코드

- 시작하기 버튼을 클릭했을 때
- 그리기 시작하기
- 2 번 반복하기
  - ◯ 번 반복하기
    - 다음▼ 모양으로 바꾸기
    - 이동 방향으로 10 만큼 움직이기
    - 0.1 초 기다리기
  - 1 초 동안 이동 방향 ◯ 만큼 회전하기
  - ◯ 번 반복하기
    - 다음▼ 모양으로 바꾸기
    - 이동 방향으로 10 만큼 움직이기
    - 0.1 초 기다리기
  - 1 초 동안 이동 방향 ◯ 만큼 회전하기

화분 1, 2, 3 코드

- 시작하기 버튼을 클릭했을 때
- 계속 반복하기
  - 엔트리봇▼ 에 닿았는가? 이(가) 될 때까지 기다리기
  - 팬지화분_1▼ 모양으로 바꾸기

5장 화분에 물 주기 67

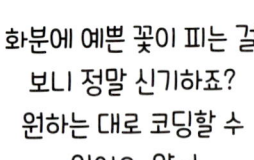

엔트리랑 수학이랑

화분에 예쁜 꽃이 피는 걸 보니 정말 신기하죠? 원하는 대로 코딩할 수 있어요, 얍~!

자, 이제 코딩 결과를 살펴볼 차례죠? 이번에 코딩한 사각형의 공통점은 뭘까요?

맞아요! 이제 모두 엔트리 박사가 되었군요! 마주 보는 두 변의 길이가 같고 마주 보는 두 각의 크기가 같아요.

코딩 01

코딩 02

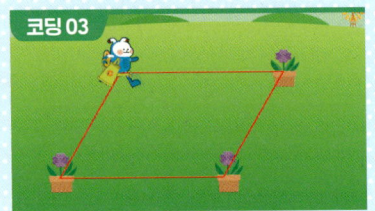
코딩 03

같은 블록 묶음은 몇 번 반복되었죠?

바로 2번!

200만큼 이동하고 120도 회전하고 150만큼 이동하고 60도 회전했지요. 이 과정을 두 번 반복했어요.

```
2 번 반복하기
  이동 방향으로 200 만큼 움직이기
  1 초 동안 이동 방향 120° 만큼 회전하기
  좌우 모양 뒤집기
  이동 방향으로 150 만큼 움직이기
  1 초 동안 이동 방향 60° 만큼 회전하기
```

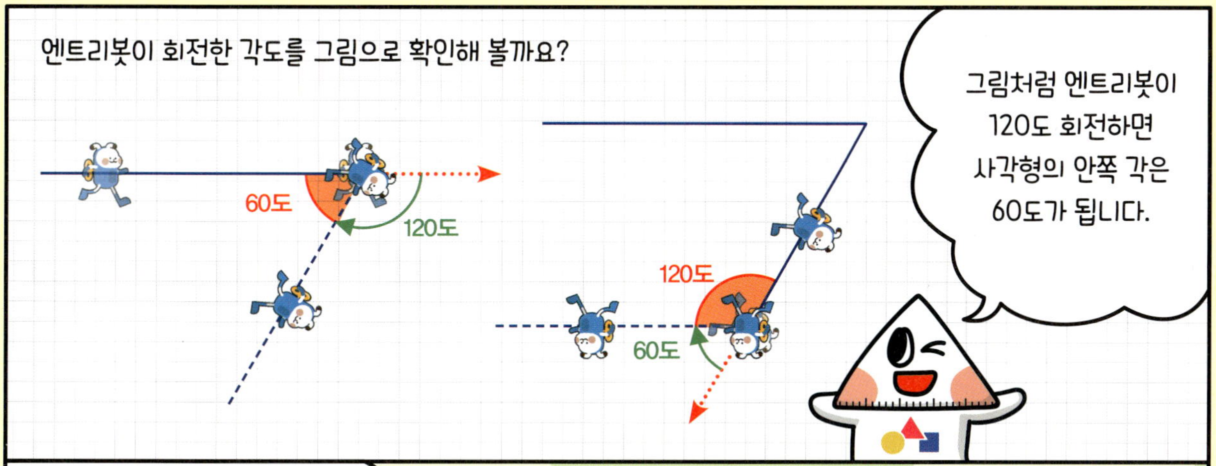

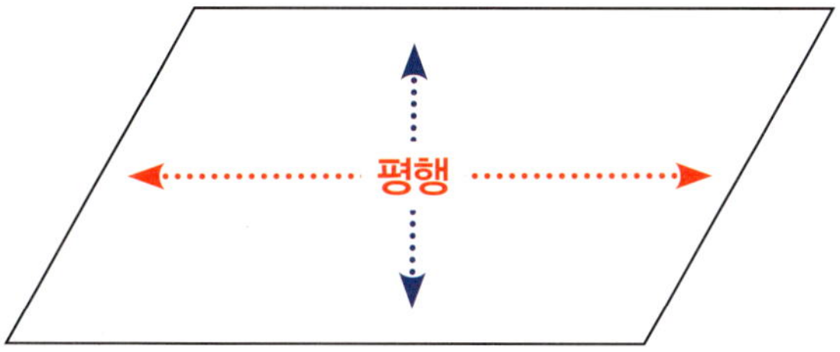

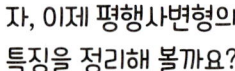

자, 이제 평행사변형의 특징을 정리해 볼까요?

첫째, 마주 보는 변이 평행이다.
둘째, 마주 보는 변의 길이가 같다.
셋째, 마주 보는 각의 크기가 같다.

지금까지 코딩했던 사각형을 모두 모아 비교해 볼까요?

평행사변형
마주 보는 변이 평행이다.
마주 보는 변의 길이가 같다.
마주 보는 각의 크기가 같다.

직사각형
마주 보는 변이 평행이다.
마주 보는 변의 길이가 같다.
네 각이 모두 직각이다.

모두 달라서 더 재밌다!

마름모
네 변의 길이가 모두 같다.
마주 보는 두 각의 크기가 같다.

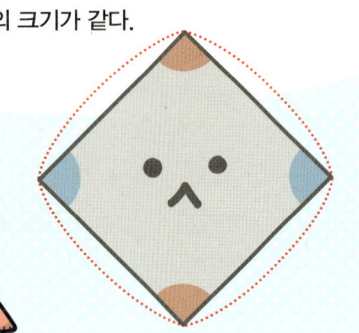

정사각형
네 변의 길이가 모두 같다.
네 각이 모두 직각이다.

같은듯 다른듯 닮은 도형들!

수학 코딩

1 엔트리봇이 두 개의 평행사변형을 그리려고 해요.
빈칸에 알맞은 숫자를 넣어 다음 코드를 완성해 보세요.

A
- 시작하기 버튼을 클릭했을 때
- 그리기 시작하기
- ◯ 번 반복하기
  - 이동 방향으로 100 만큼 움직이기
  - 방향을 100° 만큼 회전하기
  - 이동 방향으로 130 만큼 움직이기
  - 방향을 ◯ 만큼 회전하기

B
- 시작하기 버튼을 클릭했을 때
- 그리기 시작하기
- ◯ 번 반복하기
  - 이동 방향으로 110 만큼 움직이기
  - 방향을 ◯ 만큼 회전하기
  - 이동 방향으로 90 만큼 움직이기
  - 방향을 120° 만큼 회전하기

얼마나 움직여야 할까?

2 서로 어울리는 것끼리 연결해 보세요.

- 2 번 반복하기
  - 이동 방향으로 100 만큼 움직이기
  - 방향을 80° 만큼 회전하기
  - 이동 방향으로 100 만큼 움직이기
  - 방향을 100° 만큼 회전하기

- 2 번 반복하기
  - 이동 방향으로 100 만큼 움직이기
  - 방향을 90° 만큼 회전하기
  - 이동 방향으로 80 만큼 움직이기
  - 방향을 90° 만큼 회전하기

- 2 번 반복하기
  - 이동 방향으로 100 만큼 움직이기
  - 방향을 80° 만큼 회전하기
  - 이동 방향으로 80 만큼 움직이기
  - 방향을 100° 만큼 회전하기

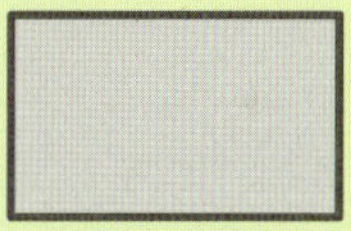

직사각형

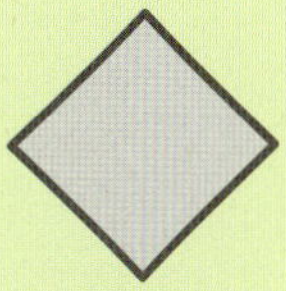

마름모

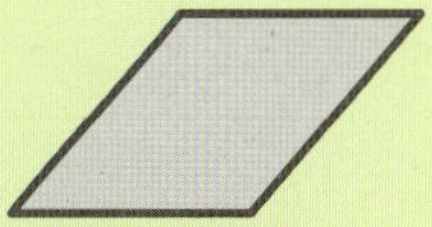

평행사변형

3 아래의 코딩 결과를 보면서 **평행사변형 그리기**와 **직사각형 그리기**의 공통점과 차이점은 무엇인지 분석해 보세요.

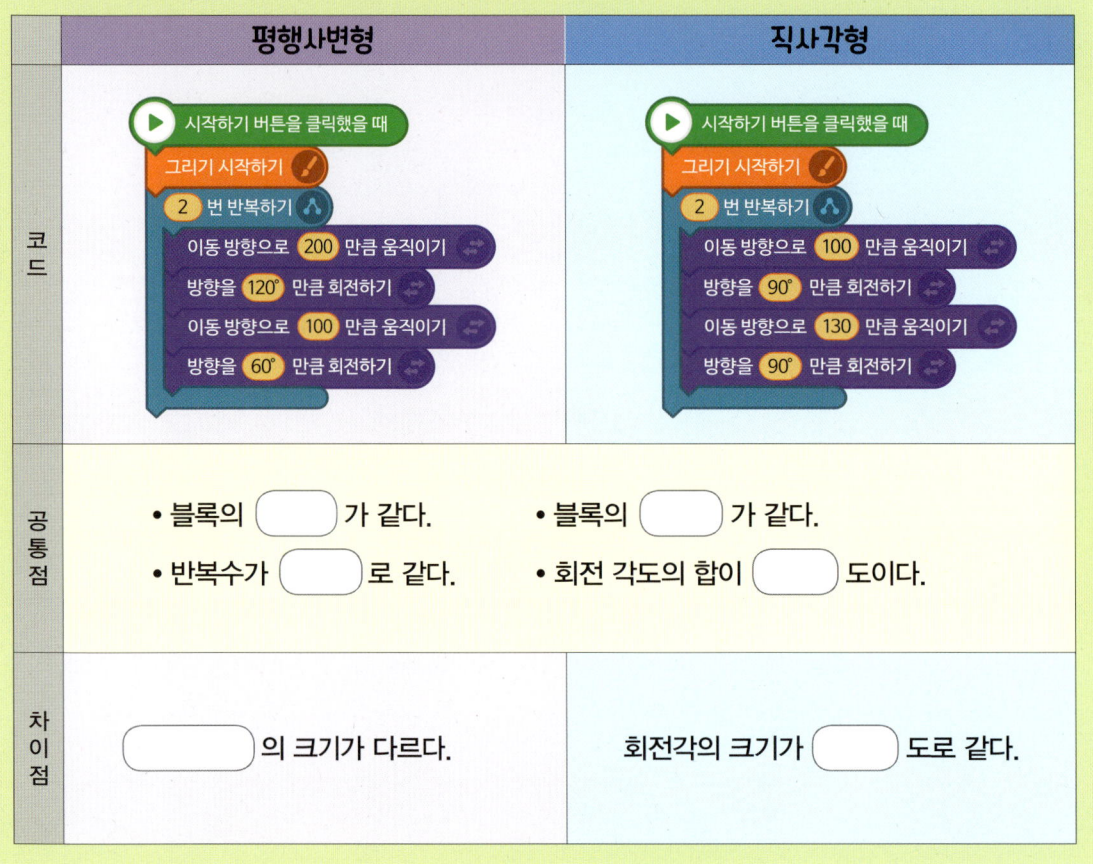

06
풍선 터뜨리기

엔트리봇이 노란 풍선을 터뜨리는 간단한 게임을 코딩해 볼까요?
노란 풍선 사이의 거리는 150으로 똑같답니다. 엔트리봇이 시계 방향으로 돌며 풍선을 터뜨리고 제자리로 돌아오도록 코딩해 보세요.

오호! 엔트리봇이 움직이는 모양이 익숙해!

사랑의 총알로 풍선을 모두 터뜨리도록 코딩해 줘!

엔트리봇이 노란 풍선을 터뜨리고 돌아오도록 코딩하세요.

① bit.ly/엔트리도형편_06 에 접속하여 **코딩 1** 장면을 선택하세요.

② 오브젝트 목록에서 **엔트리봇**을 선택한 다음, 아래의 순서대로 블록을 조립하고 ⬤ 에 각각 숫자와 대사를 입력합니다. 두 개의 코드 결과를 비교해 보세요. 어떤 점이 다른가요?

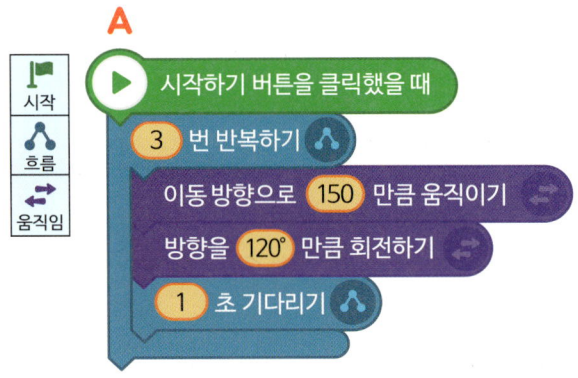

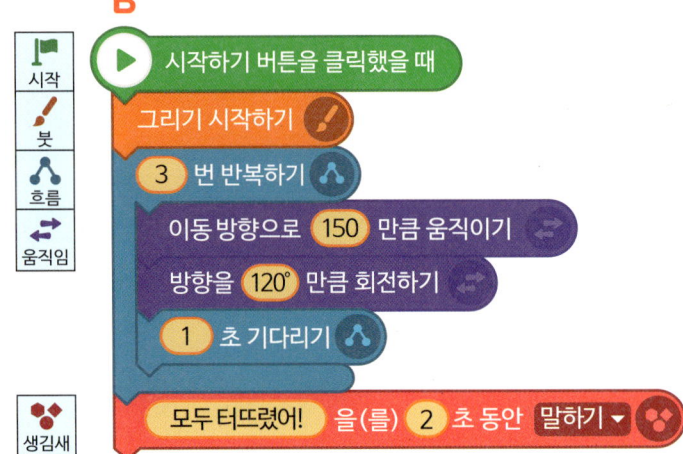

그리기 블록을 넣으면 엔트리봇이 움직인 흔적을 볼 수 있지.

③ 이제 앞에서 만든 코드 중에 **B코드**에 풍선의 코드를 조립해 볼까요? 엔트리봇이 닿으면 풍선 터지는 소리와 함께 "빵!"이라는 말풍선이 나타나고 풍선이 사라지도록 코딩할 거예요. 먼저 오브젝트 목록에서 **풍선 1**을 선택한 다음, **소리** 탭에서 「소리 추가하기」를 클릭하세요.

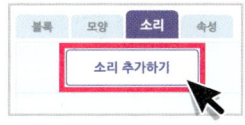 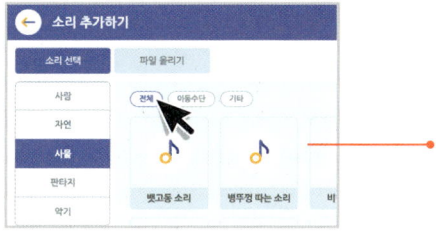

→ 항목에서 **사물**을 선택한 뒤 총 소리를 찾아 적용합니다.

아래의 순서대로 블록을 조립하고 ◯ 에 각각 숫자와 대사를 입력합니다.
소리 블록의 ▽를 클릭하고 새롭게 추가한 **총 소리**를 선택하세요.

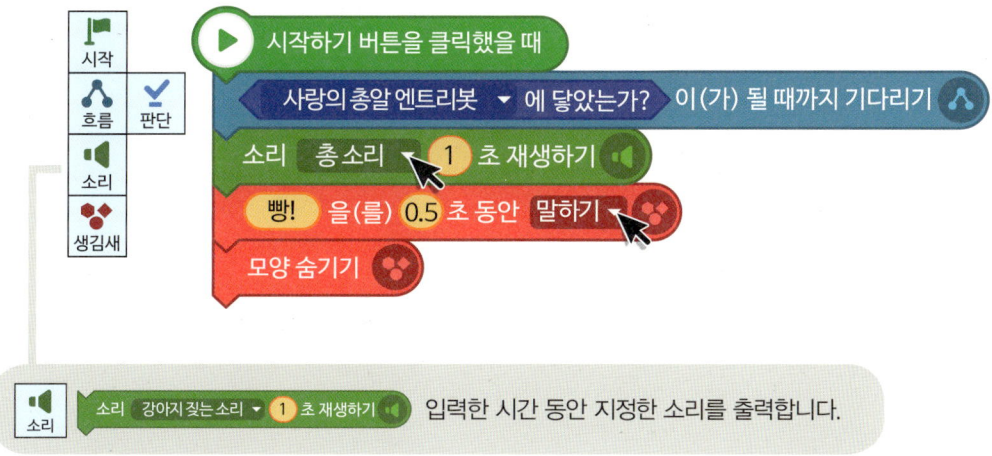

엔트리 TIP 소리 출력하기

출력이란 사용자의 명령에 따라 컴퓨터가 만들어 낸 결과를 다른 곳으로 내보내는 것을 말해요. 코드를 만들어 오브젝트를 움직이게 하는 것도 출력이며, **소리**도 출력의 한 종류입니다. 소리 탭을 선택하면 원하는 소리를 검색하여 출력할 수 있습니다. 만약 원하는 소리가 없으면 내 컴퓨터에 있는 소리를 추가할 수도 있답니다.

4 풍선 2, 3에도 총 소리를 추가하고 풍선 1의 블록 묶음을 복사하여 붙여 넣으세요.

완성  ▶시작하기 를 누르고 엔트리봇이 어떻게 움직이는지 확인해 보세요. 또 완성된 도형은 어떤 모양인지 관찰해 보세요.

연습 🟡의 숫자를 아래와 같이 바꾸고 실행해 보세요. 어떤 결과가 나오나요?

76

상어가 물고기를 잡아 먹고 돌아오도록 코딩하세요.

① bit.ly/엔트리도형편_06 에 접속하여 **코딩 2** 장면을 선택하세요.

② 오브젝트 목록에서 **상어**를 선택한 다음, 아래의 순서대로 블록을 조립하고 ⬤ 에 각각 숫자와 대사를 입력합니다.

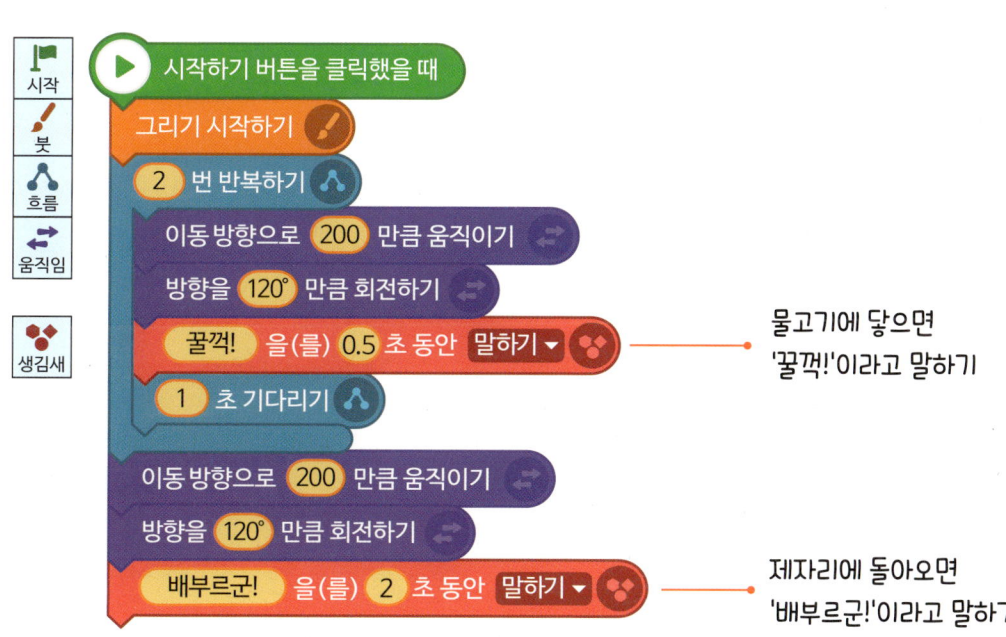

물고기에 닿으면 '꿀꺽!'이라고 말하기

제자리에 돌아오면 '배부르군!'이라고 말하기

③ 오브젝트 목록에서 **빨간 물고기**를 선택한 다음, 아래의 순서대로 블록을 조립하고, ⬤에 숫자를 입력합니다. 이번엔 **소리** 탭을 클릭하고 **씹어 먹는 소리**를 추가하여 선택하세요.

④ 오브젝트 목록에서 **물고기**를 선택한 다음, 빨간 물고기의 블록 묶음을 복사하여 붙여 넣으세요.

완성 ▶시작하기를 누르고 완성된 도형은 어떤 모양인지 관찰해 보세요.
또 **코딩 1**과는 어떤 점이 다른지도 비교해 보세요.

코딩 03

몽당연필로 로켓의 머리 부분을 그리도록 코딩해 보세요.

①  에 접속하여 **코딩 3** 장면을 선택하세요.

② 오브젝트 목록에서 **몽당연필**을 선택한 다음, 아래의 순서대로 블록을 조립하고 ◯ 에 각각 숫자를 입력합니다. 두 개의 코드를 비교해 보세요.
어떤 점이 다른가요?

6장 풍선 터뜨리기 79

완성 ▶시작하기 를 누르고 엔트리봇이 어떻게 움직이는지 확인해 보세요.
또 완성된 도형은 어떤 모양인지 관찰해 보세요.

 A

 B

두 코드 결과는 똑같아.
하지만 몽당연필이 그림을 그리는 과정은
좀 다르지. 몽당연필이 회전하는 방향을
잘 관찰해 봐!

 연습 로켓이 완성되면 "**발사!**"를 외치고 하늘을 향해 날아가는 소리 효과를 넣어 볼까요?
몽당연필 오브젝트를 선택하고 A의 순서대로 조립하고 어떻게 실행되는지 결과를
확인해 보세요. B에는 여러분이 원하는 소리와 말을 자유롭게 넣어 실행해 보세요.

80

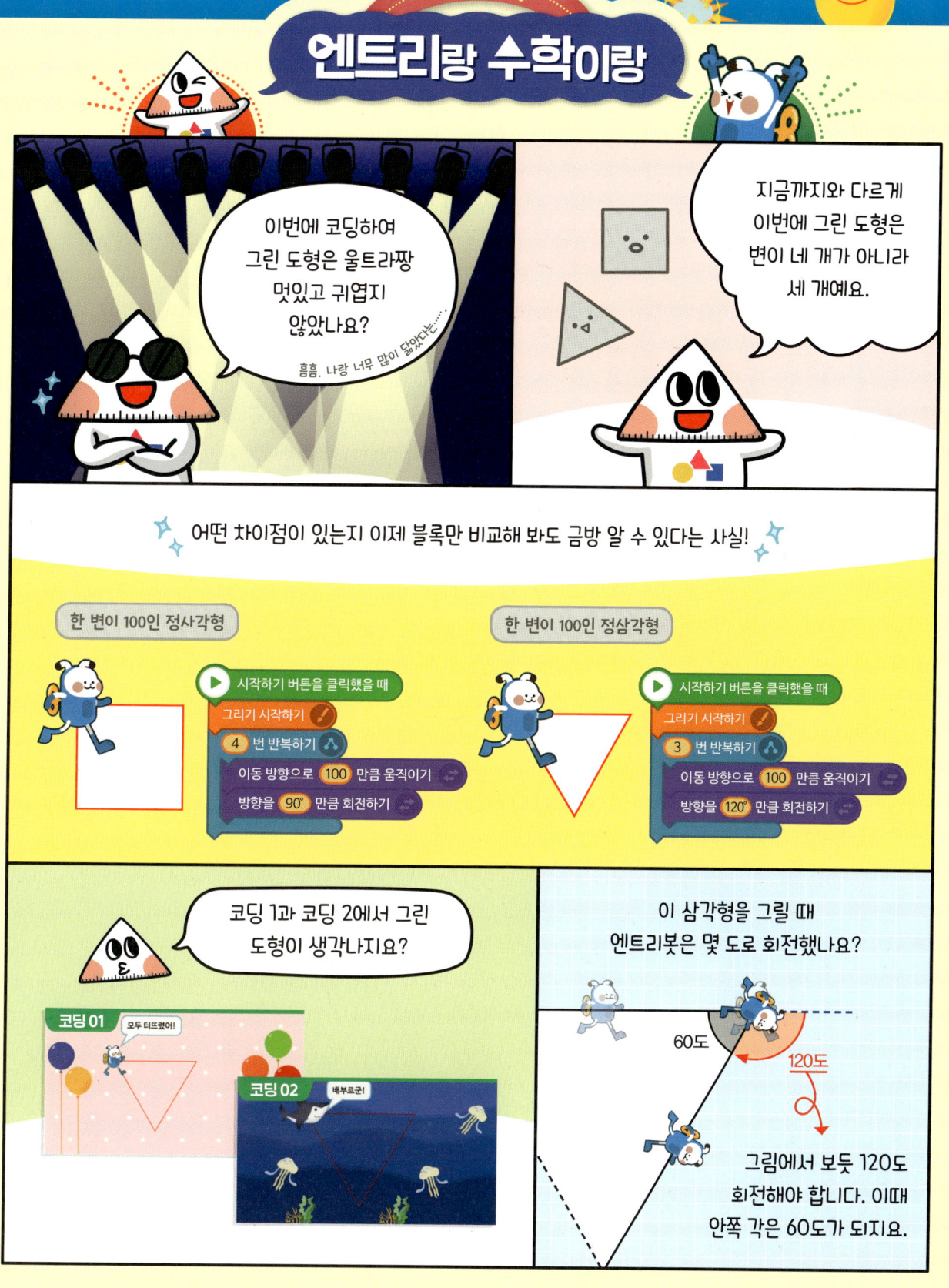

 코딩 3에서 삼각형을 그릴 때는 엔트리봇을 몇 도로 회전시켰나요?

그림처럼 엔트리봇은 시계 방향으로 240도 돌아야 해요. 아니면 반시계 방향으로 120도를 돌면 됩니다.

반시계 방향은 숫자 앞에 '-'를 써서 표시합니다.
두 블록으로 회전한 결과는 같지만 과정은 다르답니다.

이렇게 완성된 삼각형을 보면 공통점이 있죠? 세 변의 길이와 세 각의 크기가 같아요. 이런 삼각형을 **정삼각형**이라고 부릅니다.

 =

자, 여기서 문제 들어갑니다! 삼각형의 내각의 합은 몇 도일까요?

삼각형의 내각의 합은

180도!

정답!

수학 개념

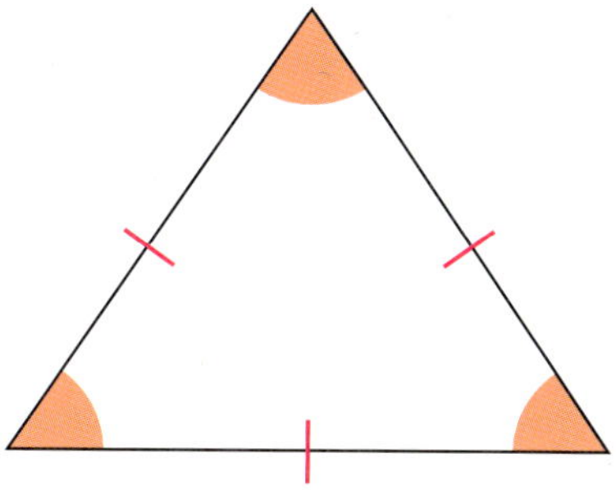

정삼각형

세 변의 길이가 같은 삼각형을 **정삼각형**이라고 합니다.

수학 코딩

1 아래 코드 중 정삼각형을 그릴 수 없는 코드를 골라 보세요.

이 중에 스파이가 있다!!

A
- 오브젝트를 클릭했을 때
- 그리기 시작하기
- 이동 방향으로 100 만큼 움직이기
- 이동 방향을 120° 만큼 회전하기

B
- 오브젝트를 클릭했을 때
- 그리기 시작하기
- 이동 방향으로 100 만큼 움직이기
- 이동 방향을 120° (으)로 정하기

C
- 오브젝트를 클릭했을 때
- 그리기 시작하기
- 이동 방향을 120° 만큼 회전하기
- 이동 방향으로 100 만큼 움직이기

2 엔트리봇이 한 변이 60인 정삼각형과 한 변이 120인 정삼각형을 그릴 수 있도록 코딩해 보세요.

예시 A — 60도, 120도

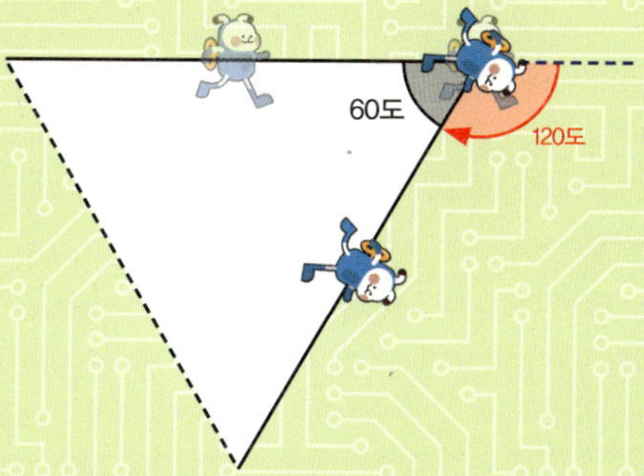

예시 B — 60도, 120도

6장 풍선 터뜨리기 **83**

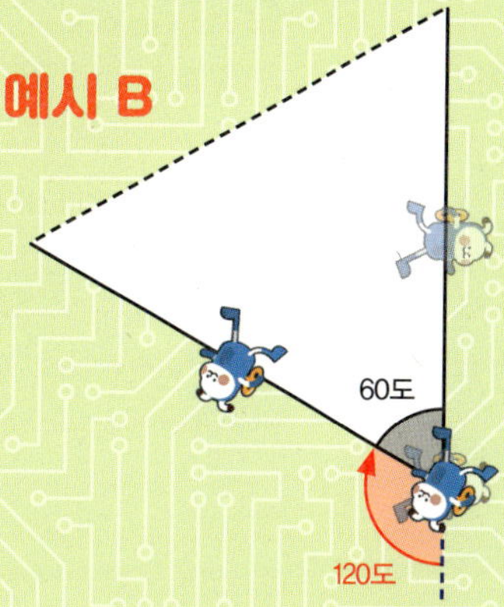

3 코딩 결과를 보면서 **정삼각형 그리기**와 **정사각형 그리기**의 공통점과 차이점은 무엇인지 분석해 보세요.

	정사각형	정삼각형
코드	▶ 시작하기 버튼을 클릭했을 때 그리기 시작하기 4 번 반복하기 　이동 방향으로 100 만큼 움직이기 　방향을 90° 만큼 회전하기	▶ 시작하기 버튼을 클릭했을 때 그리기 시작하기 3 번 반복하기 　이동 방향으로 100 만큼 움직이기 　방향을 120° 만큼 회전하기
공통점	• 블록의 ▢ 가 같다. • 회전 각도의 합이 ▢ 도이다.	• 블록의 ▢ 가 같다.
차이점	• 한 각이 ▢ 도이다. • 반복 횟수가 ▢ 번이다.	• 한 각이 ▢ 도이다. • 반복 횟수가 ▢ 번이다.

07
피자 나누기

세 명의 친구들이 모여 맛있는 피자를 먹으려고 해요.
그런데 똑같이 나누는 게 쉽지 않네요.
어떻게 코딩하면 피자를 똑같이 세 조각으로 나눌 수 있을까요?

지금까지 배운 코딩으로 충분히 할 수 있어!

피자를 똑같이 나눌 수 있게 명령해 줘!

피자를 세 조각으로 똑같이 나누도록 코딩하세요.

① bit.ly/엔트리도형편_07 에 접속하여 **코딩 1** 장면을 선택하세요.

② 오브젝트 목록에서 **칼**을 선택한 다음, 아래의 순서대로 두 개의 블록 묶음을 조립합니다. 붓의 색을 흰색으로 정하고 ⬭ 에 숫자를 입력합니다.

 ▶시작하기 를 클릭하고 칼을 클릭할 때마다 어떻게 움직이는지 확인해 보세요.

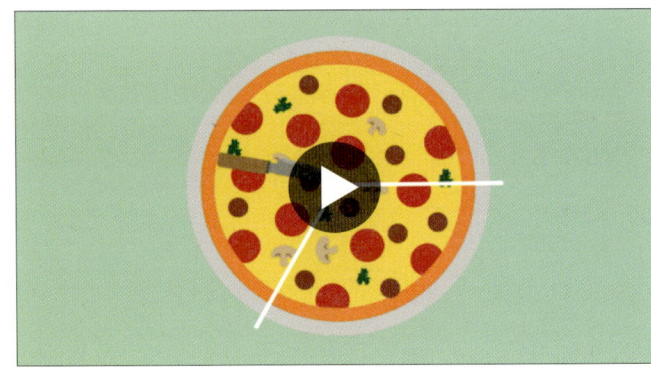

칼의 움직임과 블록을 하나씩 비교해 봐!

3 이번에는 한 번에 세 조각으로 나누도록 코딩해 볼까요? 붓의 색과 굵기를 정하고 칼이 피자를 나누는 코드를 세 번 반복하면 됩니다. 모두 나누면 칼이 사라지도록 하세요. 움직이는 과정을 볼 필요가 없다면 **B코드**처럼 **기다리기** 블록을 삭제하면 됩니다.

완성 ▶시작하기 를 클릭하고 **B코드**에서 칼이 어떻게 움직이는지 확인해 보세요.

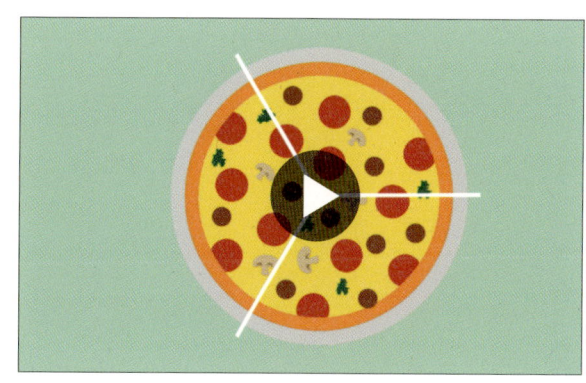

QR 코드로 A코드를 확인해 봐.

피자를 네 조각으로 똑같이 나누도록 코딩하세요.

① bit.ly/엔트리도형편_07 에 접속하여 **코딩 2** 장면을 선택하세요.

② 오브젝트 목록에서 **칼**을 선택한 다음, 아래의 순서대로 블록을 조립합니다.
세 조각으로 나눌 때와 어떤 점이 달라졌나요?

 A코드를 실행시켜 볼까요?
▶시작하기 를 클릭하고 칼이 어떻게 움직이는지 확인해 보세요.

 피자를 다섯 조각, 여섯 조각으로 나누려고 해요. 다음 블록의 ⬤ 에 숫자를 입력하여 실행해 보세요. 원하는 결과대로 실행되었나요? 완성된 엔트리 화면을 보고 아래 그림에 그려 보세요.

A 다섯 조각으로 나누기

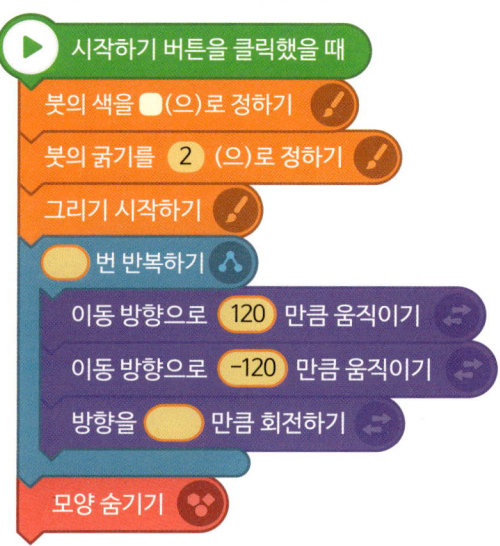

B 여섯 조각으로 나누기

어렵다고? 그럼 내가 힌트를 하나 줄게. 동그랗게 한 바퀴를 도는 회전 각도는 360도야. 26쪽을 참고해!

7장 피자 나누기

피자를 일곱 조각으로 똑같이 나누도록 코딩하세요.

1 bit.ly/엔트리도형편_07 에 접속하여 **코딩 3** 장면을 선택하세요.

2 피자를 일곱 조각으로 나누려면 몇 도만큼 회전해야 할까요? 계산하기 어렵죠? 이번엔 컴퓨터가 알아서 계산을 하여 회전 각도를 정하도록 코딩해 볼 거예요.
오브젝트 목록에서 **칼**을 선택한 다음, 아래의 순서대로 블록을 조립합니다.
그다음 회전 각도를 입력하는 ◯ 에 계산식을 끼워 넣으세요.

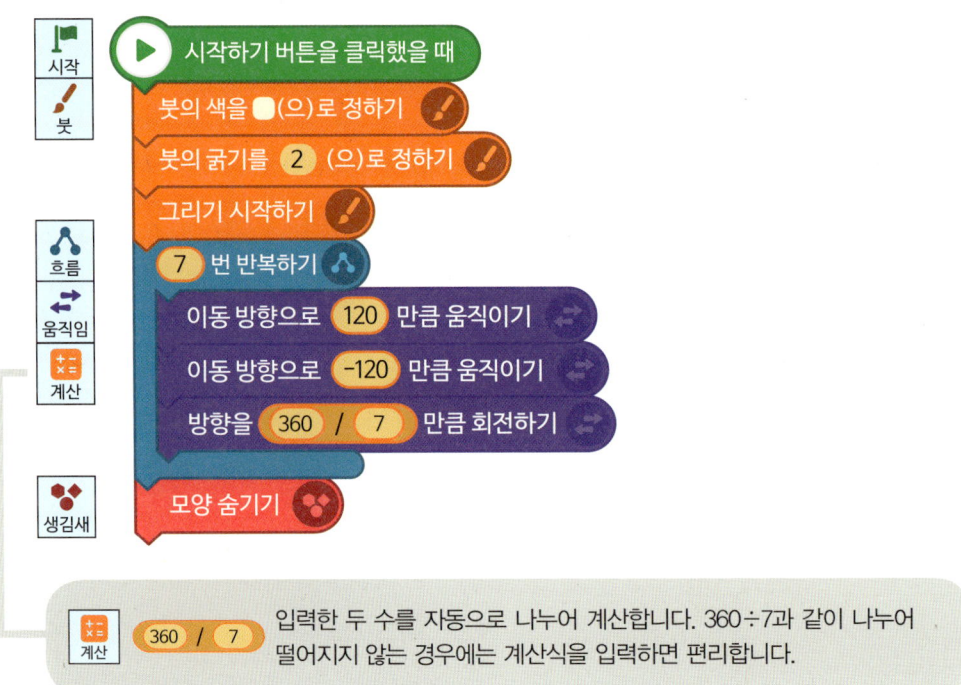

입력한 두 수를 자동으로 나누어 계산합니다. 360÷7과 같이 나누어 떨어지지 않는 경우에는 계산식을 입력하면 편리합니다.

완성 를 클릭하고 칼이 어떻게 움직이는지 확인해 보세요.

피자를 원하는 대로 똑같이 나누도록 코딩하세요.

① bit.ly/엔트리도형편_07 에 접속하여 **코딩 4** 장면을 선택하세요.

② 원하는 피자 조각 개수를 입력하면 자동으로 피자를 나눠 주도록 코딩할 거예요.
오브젝트 목록에서 **칼**을 선택한 다음, 조각 개수를 입력하는 창을 만드는 블록을 조립합니다.

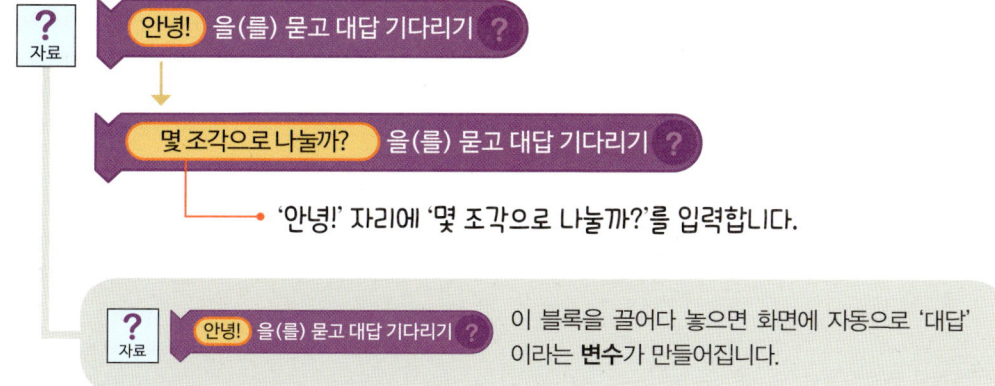

'안녕!' 자리에 '몇 조각으로 나눌까?'를 입력합니다.

이 블록을 끌어다 놓으면 화면에 자동으로 '대답' 이라는 **변수**가 만들어집니다.

엔트리 TIP 변수

변수란 '변하는 값을 저장하는 공간'을 의미합니다. 컴퓨터 프로그램은 데이터 조각들, 즉 정보를 담는 방법으로 변수를 사용하지요. 예를 들면, 게임 점수라든가 오브젝트의 이동 속도 같은 것들을 저장해 둘 때 사용합니다.

변수는 우리가 평소에 쓰는 숫자와는 다릅니다. 변수에 담긴 값은 얼마든지 바뀔 수 있기 때문입니다. ⸨?⸩ 의 ⸨안녕! 을(를) 묻고 대답 기다리기 ?⸩ 블록을 끌어다 놓으면 화면에 자동으로 ⸨대답 0⸩ 이란 변수가 만들어집니다. 나누고 싶은 피자의 조각 수를 입력하면 자동으로 대답에 숫자가 입력되며 코드를 실행합니다.

③ 아래와 같이 블록을 조립하고 ▶시작하기 를 클릭해 보세요.
화면에 질문과 함께 대답을 입력할 창이 나타납니다.

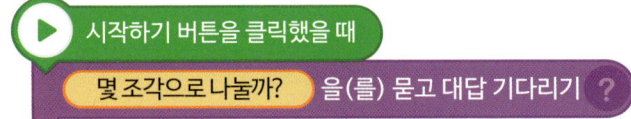

④ ■정지하기 를 클릭한 후 아래와 같이 블록을 조립한 다음, 반복 블록과 회전 블록의
○ 에 대답 을 끌어다 넣습니다.

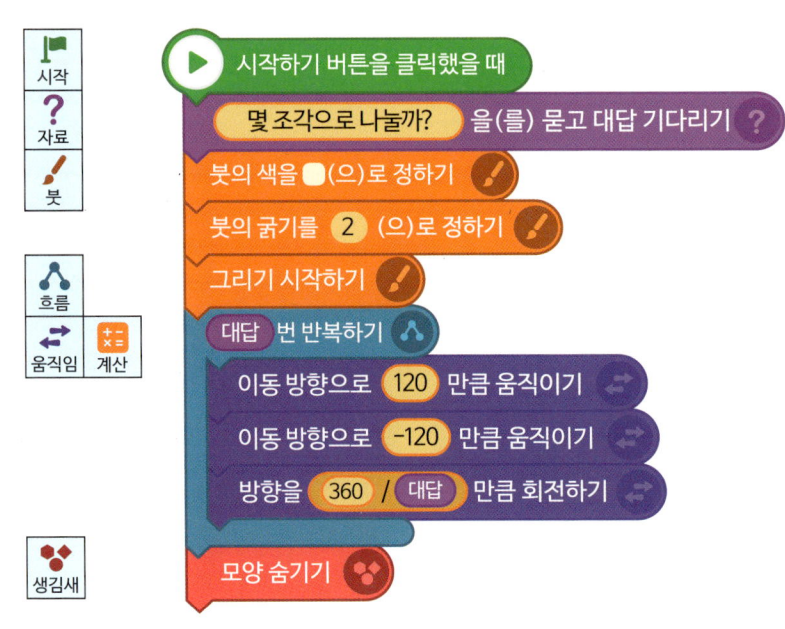

 완성 ▶시작하기 를 클릭하면 대답을 적을 수 있는 빈칸이 나타날 거예요. 빈칸에 11을 입력하고 ✓를 클릭합니다. 피자가 원하는 조각 수대로 잘 나뉘었나요?

 연습 피자의 조각 수에 따라 회전 각도가 달라진다는 걸 확인했을 거예요. 회전 각도와 피자의 조각 수를 생각하며 아래 조건에 맞게 블록을 완성하거나 조립해 보세요.

A 8조각으로 나누기   **B** 10조각으로 나누기

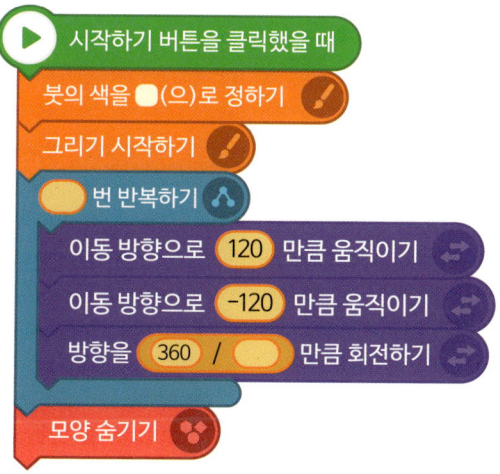

엔트리랑 수학이랑

우아! 짱 맛있는 피자다!

피자를 똑같이 나누지 않으면 서로 싸울 수도 있어요.

하지만 걱정은 그만! 회전 각도를 생각하며 코딩하면 피자를 똑같이 나눌 수 있으니까요.

처음엔 피자를 세 조각으로 나누어 보았지요? 이때 피자 한 조각의 각도는 120도였어요.

우선 칼이 피자를 자르는 과정을 다시 떠올려 보세요.

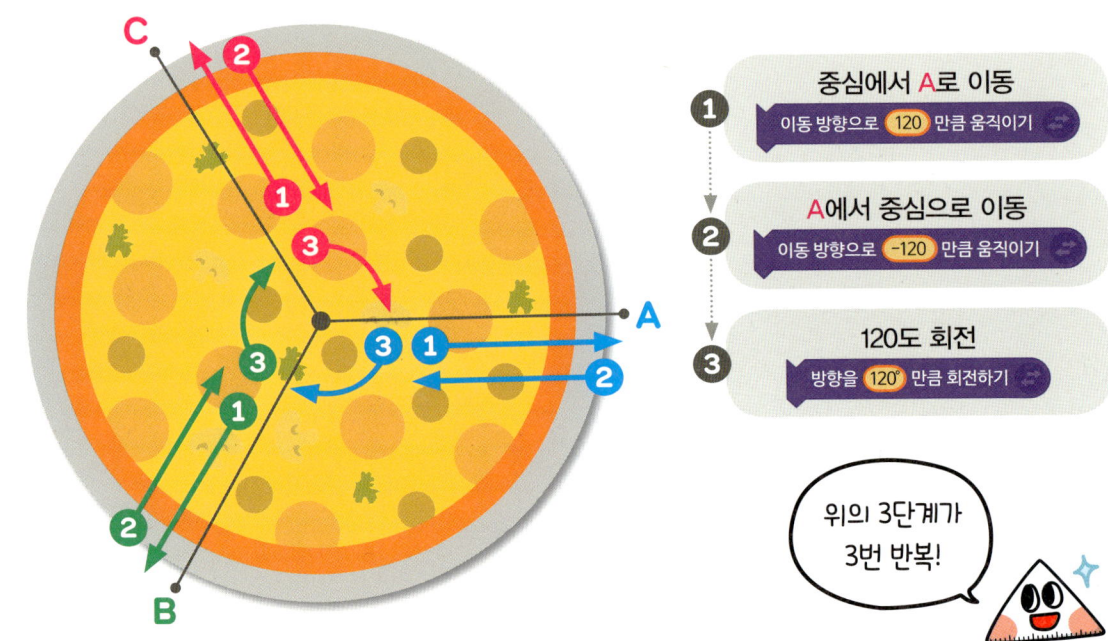

① 중심에서 A로 이동
이동 방향으로 120 만큼 움직이기

② A에서 중심으로 이동
이동 방향으로 -120 만큼 움직이기

③ 120도 회전
방향을 120° 만큼 회전하기

위의 3단계가 3번 반복!

피자를 네 조각으로 나눌 때는 몇 도로 회전했나요? 다섯 조각으로 나눌 때는요? 여섯 조각일 때는요?

◀90도　◀72도　◀60도

그럼 피자를 일곱 조각으로 나눌 때는 몇 도로 회전했나요? 맞아요. 계산이 나누어 떨어지지 않아 계산식을 이용했지요.

360도 ÷ 원하는 조각 = 회전 각도

2~6조각일 때도 위의 계산식에 넣어 계산해 볼까요? 회전 각도가 작을수록 여러 조각으로 나누어지지요!

원하는 조각	계산식	회전 각도
2조각	360도 ÷ 2	180도
3조각	360도 ÷ 3	120도
4조각	360도 ÷ 4	90도
5조각	360도 ÷ 5	72도
6조각	360도 ÷ 6	60도

이제 아무리 여러 조각으로 나누더라도 코딩으로 금방 해 낼 수 있겠지요?

이제 피자 먹자!　신난다!

자, 지금까지 피자 나누기를 통해 다양한 각도를 만나 보았어요. 지금까지 배운 각도의 종류를 정리해 볼까요?

180°　360°

수학 개념

예각

각도가 0°보다 크고 직각보다 작은 각을 **예각**이라고 합니다.

둔각

각도가 직각보다 크고 180°보다 작은 각을 **둔각**이라고 합니다.

수학 코딩

1 아래 코드에서 피자를 나누는 각도를 생각해 보고 예각인지 둔각인지 구분하여 아래 빈칸에 써 보세요.

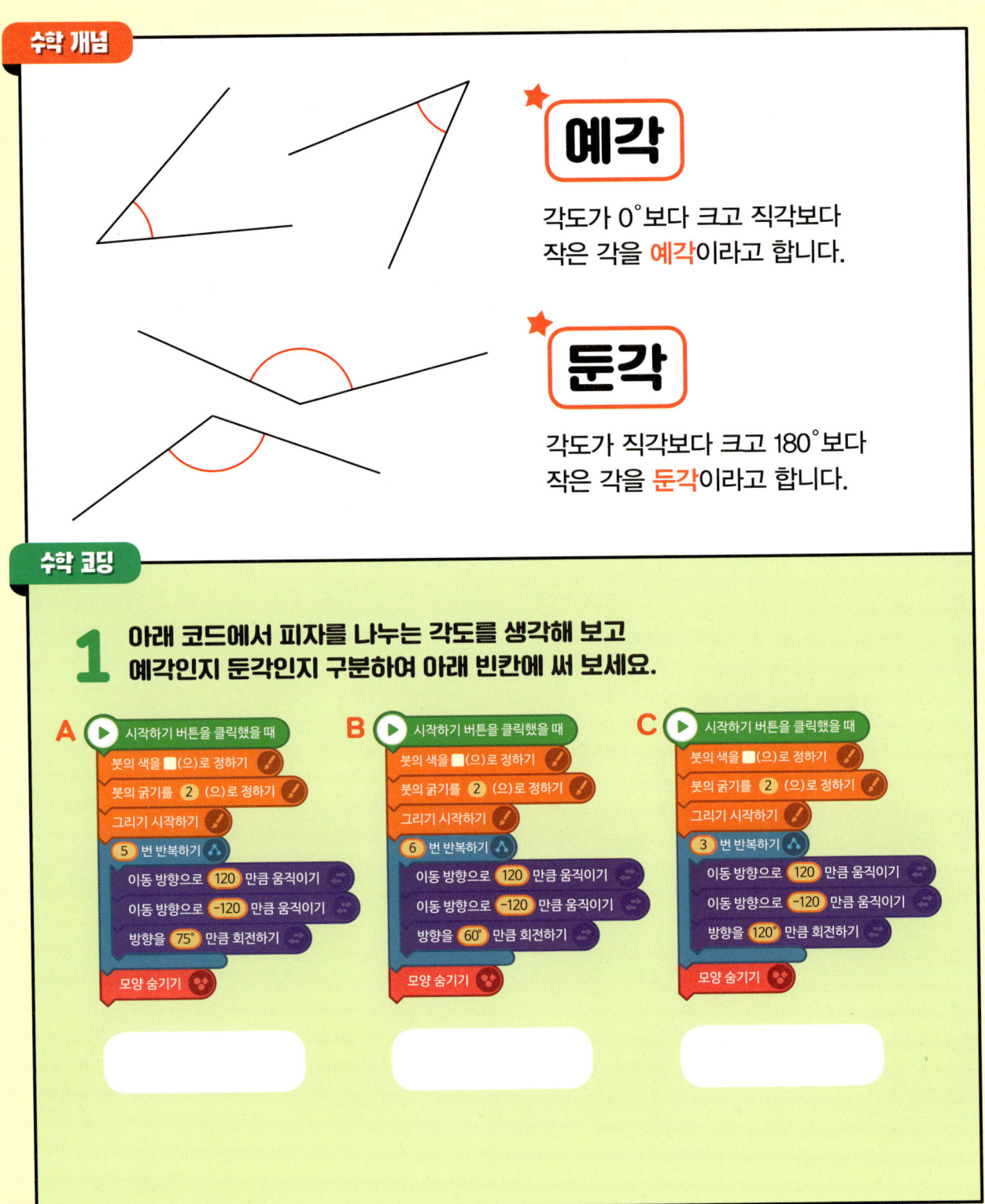

4-2 · 6단원 다각형

08

도토리 모으기

들판에 떨어진 도토리와 열매를 모으려고 해요.
엔트리봇이 가장 빠른 순서로 도토리와 열매를 모아
제자리로 돌아오도록 코딩해 보세요.

다양한 방법으로 코딩할 수 있을 거야!

빠르고 정확하게 도토리를 모을 수 있도록 코딩해 줘.

도토리를 주워 모아 제자리로 돌아오도록 코딩하세요.

① `bit.ly/엔트리도형편_08` 에 접속하여 **코딩 1** 장면을 선택하세요.

② 오브젝트 목록에서 **엔트리봇**을 선택한 다음, 아래의 순서대로 블록을 조립하고 🟠 에 각각 숫자를 입력합니다. 반복 횟수와 회전 각도를 잘 기억해 두세요.

엔트리봇이 걸으면서 도토리를 모으도록 아래와 같이 블록을 추가하세요.

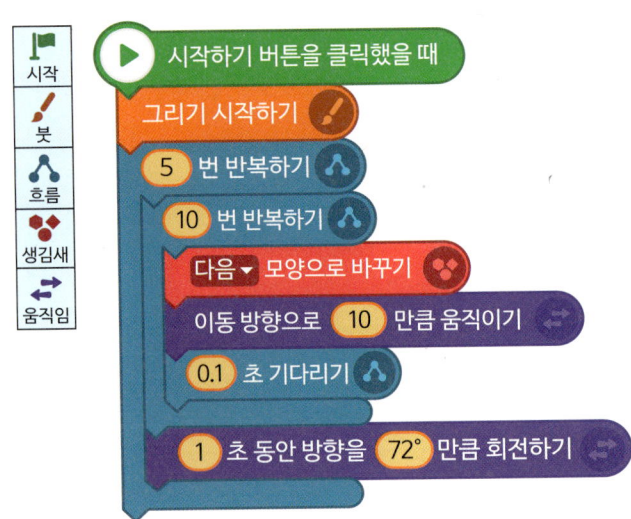

③ 이제 도토리가 엔트리봇에 닿으면 사라지고 엔트리봇에게 옮겨지도록 코딩할 거예요. 그러려면 두 개의 블록 묶음이 필요합니다. 먼저 오브젝트 목록에서 **도토리 1**을 선택하여 아래의 순서대로 블록을 조립하고 ◆ 에 조건을 끼워 넣습니다.

아래의 순서대로 블록 묶음을 하나 더 만드세요. 도토리의 복제본이 만들어진 다음 엔트리봇 위치로 이동하는 코드입니다. 이 두 개의 블록 묶음을 **도토리 2, 3, 4**에도 복사하여 붙여 넣습니다.

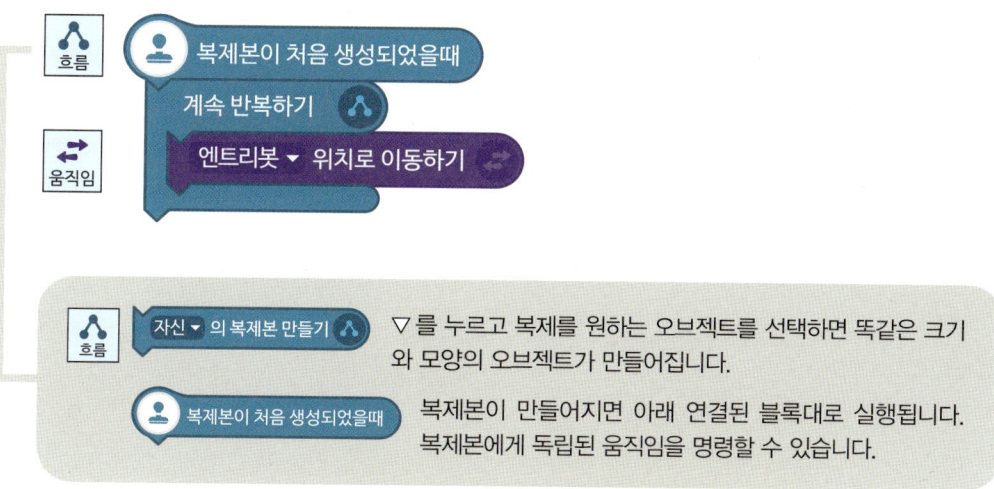

엔트리봇이 도토리에 닿으면 복제본이 만들어지고 원래 도토리는 감쪽같이 사라지는 코드야! 복제된 도토리는 엔트리봇을 따라 이동하지!

▶시작하기 를 누르고 엔트리봇이 어떻게 움직이는지 확인해 보세요.
또 완성된 도형은 어떤 모양인지 관찰해 보세요.

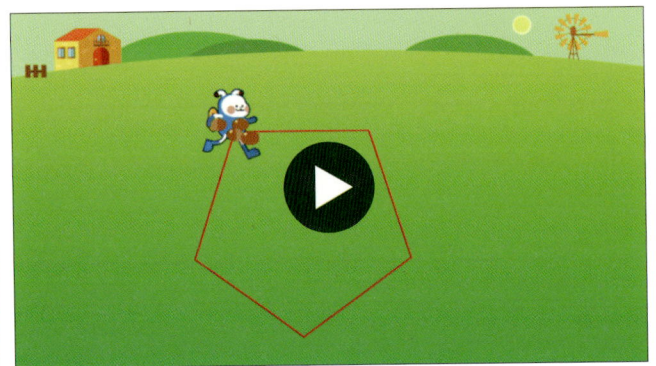

 bit.ly/엔트리도형편_08 에 접속하여 **코딩 1_연습** 장면을 선택하세요. 앗! 도토리가 놓인 위치가 달라졌네요. 오브젝트 목록에서 엔트리봇을 선택한 다음, 아래의 순서대로 블록을 조립하고 ⬭ 에 각각 알맞은 숫자를 입력하여 실행시켜 보세요.

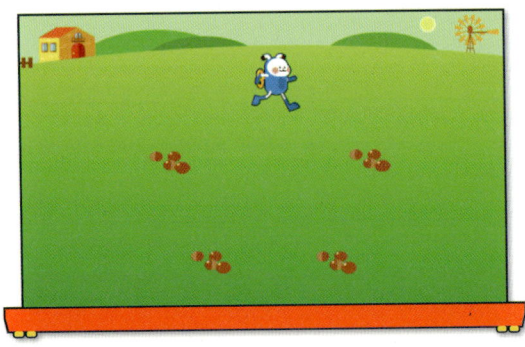

 도토리 오브젝트의 코드는 앞에서 한 것과 똑같은 순서로 조립하면 돼!

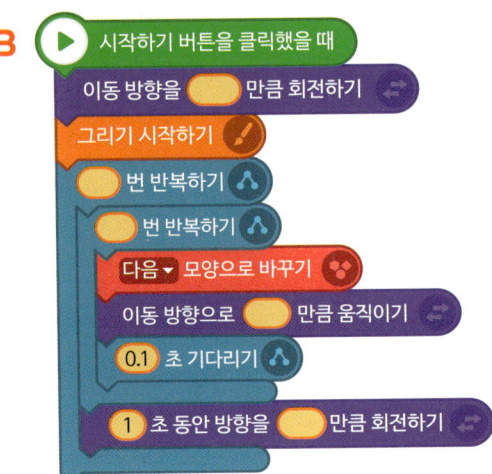

100

코딩 02

더 많은 도토리를 모아 제자리로 돌아오도록 코딩하세요.

① bit.ly/엔트리도형편_08 에 접속하여 **코딩 2** 장면을 선택하세요.

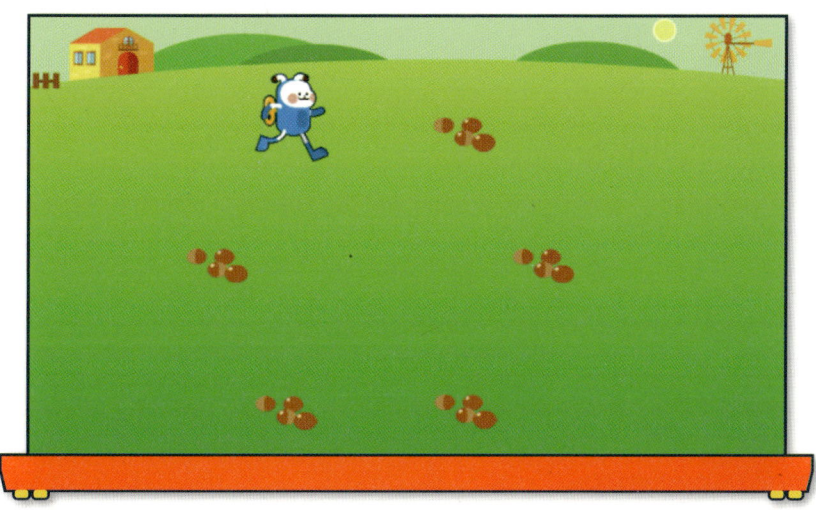

② 오브젝트 목록에서 **엔트리봇**을 선택한 다음, 아래의 순서대로 블록을 조립하고 ◯ 에 각각 숫자를 입력합니다. **엔트리봇**이 걸으면서 도토리를 모아 오도록 모양 바꾸기 블록도 함께 조립해 보세요. **코딩 1**과 비교하여 어떤 점이 달라졌나요?

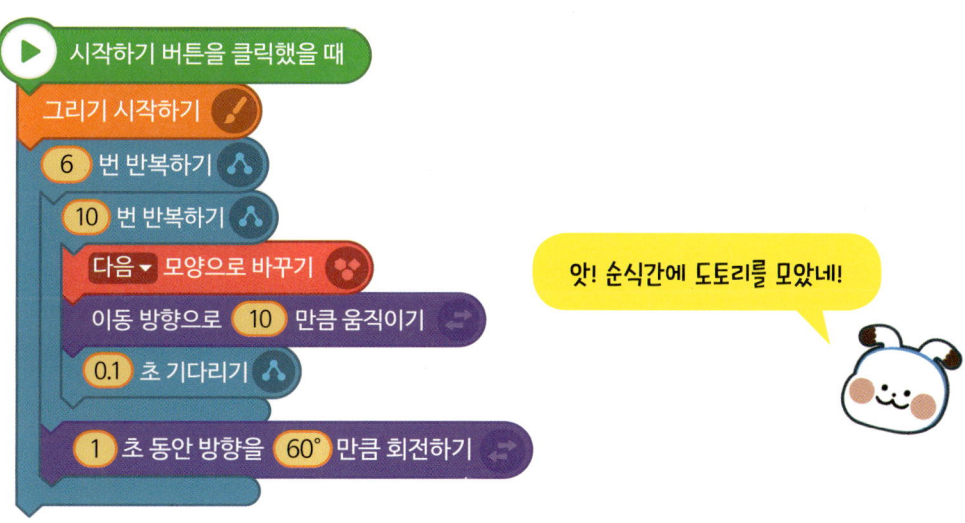

앗! 순식간에 도토리를 모았네!

③ **코딩 1**과 마찬가지로 도토리가 엔트리봇에 닿으면 사라지고 엔트리봇에게 옮겨지도록 코딩하세요.

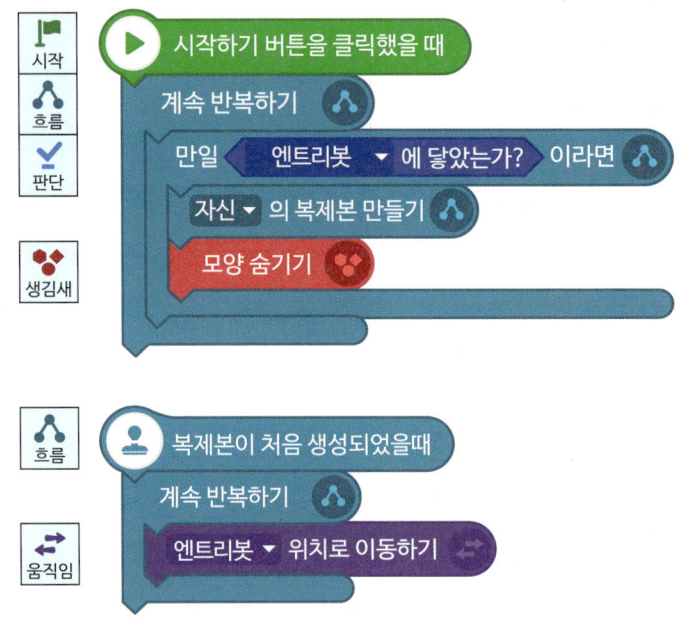

완성 ▶시작하기 를 누르고 엔트리봇이 어떻게 움직이는지 확인해 보세요.
또 완성된 도형은 어떤 모양인지 관찰해 보세요.

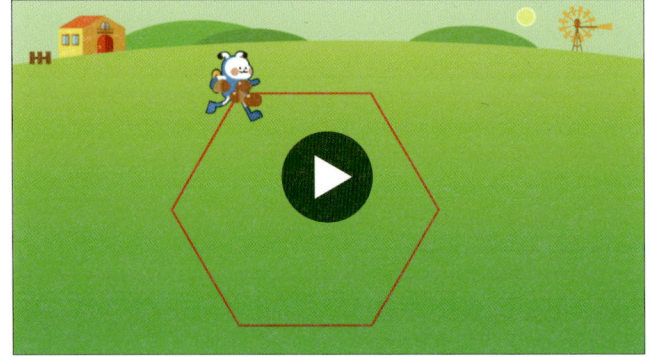

반복 횟수와 각도를
잘 기억하도록!

코딩 03
계산 블록을 사용하여 도토리를 모으도록 코딩하세요.

① bit.ly/엔트리도형편_08 에 접속하여 **코딩 3** 장면을 선택하세요.

② 도토리를 모두 모아 제자리로 돌아오려면 몇 도씩 몇 번을 회전해야 할까요?
계산하기 어려울 땐 계산 블록을 이용하면 컴퓨터가 알아서 계산을 해 준답니다.
오브젝트 목록에서 **엔트리봇**을 선택한 다음, 아래의 순서대로 블록을 조립하세요.
그다음 회전 각도를 입력하는 ◯에 계산식을 끼워 넣습니다.

③ **코딩 2**와 마찬가지로 도토리가 엔트리봇에 닿으면 사라지고
엔트리봇에게 옮겨지도록 코딩하세요.

▶시작하기 를 누르고 엔트리봇이 어떻게 움직이는지 확인해 보세요.
또 완성된 도형은 어떤 모양인지 관찰해 보세요.

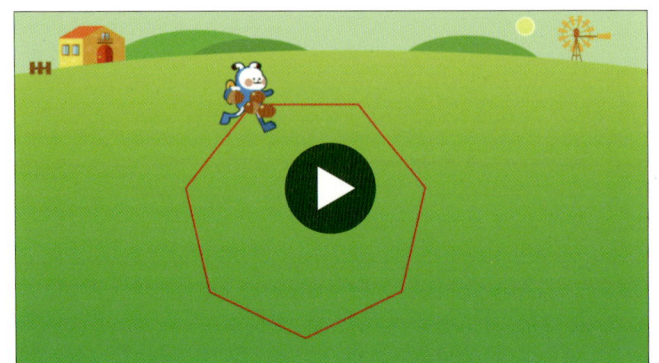

 bit.ly/엔트리도형편_08 에 접속하여 **코딩 3_연습 1, 2** 장면을 각각 선택하여 엔트리봇이 도토리를 모두 모아 제자리로 돌아오도록 블록을 완성시켜 보세요. 각각의 코드를 실행시키고, 완성된 도형은 어떤 모양인지 관찰해 보세요.

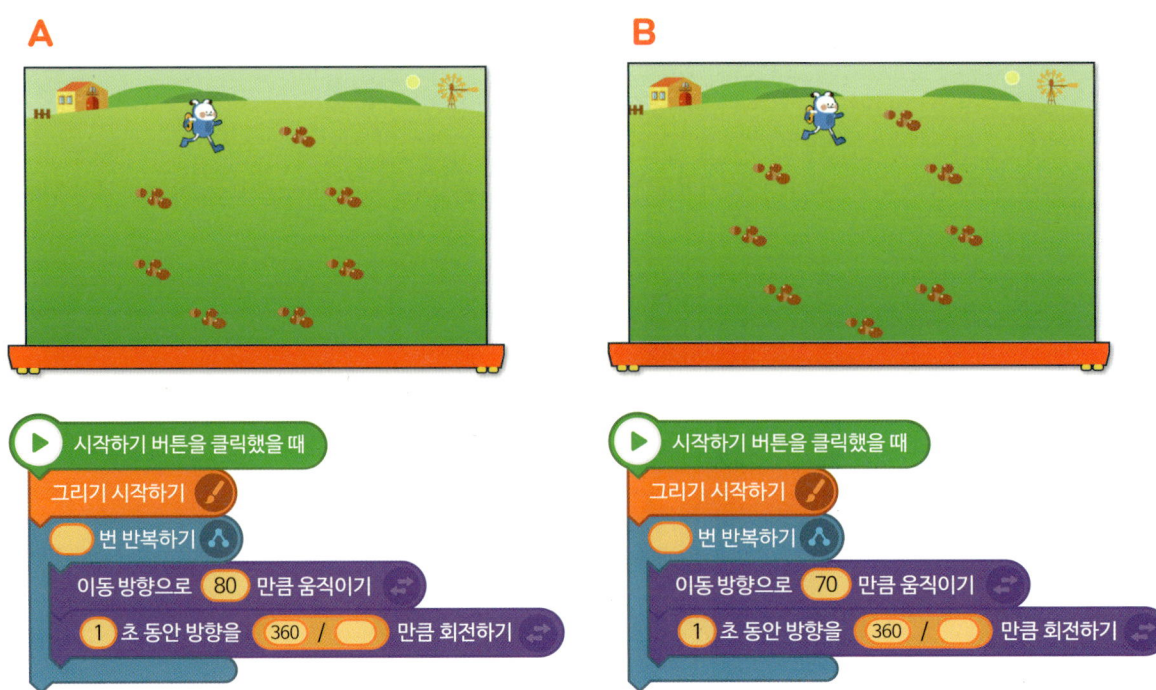

104

개념 톡톡! 엔트리랑 수학이랑

우리가 이번 장에서 처음 그린 도형이 어떻게 생겼는지 기억나죠?

맞아요! 변이 5개고 각이 5개인 도형이었어요. 이동거리는 100, 회전 각도 72도의 블록을 5번 반복했지요.

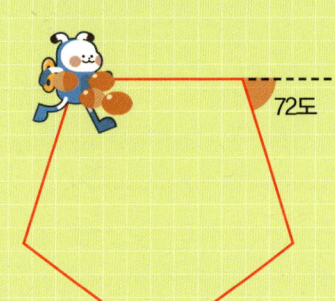

선분으로만 둘러싸인 도형을 **다각형**이라고 불러요. 다각형! 기억하세요!

우린 모두 다각형!

그럼 엔트리봇이 그린 도형처럼 5개의 변이 같고 5개의 각이 같은 다각형을 뭐라고 부를까요?

빙고! 바로 **정오각형** 이에요.

3개의 변과 각이 같은 도형은 정삼각형,

4개의 변과 각이 같은 도형은 정사각형이라고 했었죠?

참 잘했어요!

그럼 여기서 또 문제!

6개의 변과 6개의 각이 같은 다각형은?	7개의 변과 7개의 각이 같은 다각형은?	12개의 변과 12개의 각이 같은 다각형은?
		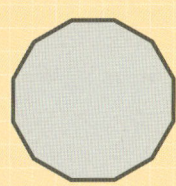
정육각형	**정칠각형**	**정십이각형**

아주 쉽지요?

8장 도토리 모으기 105

앞에서 배운 도형 그리기 코드를 잘 관찰하면 한 가지 규칙을 발견할 수 있어요.

다음 도형들의 블록에서 반복 횟수와 회전 각도를 잘 관찰해 보세요.

한 변이 100인 정삼각형
- 시작하기 버튼을 클릭했을 때
- 그리기 시작하기
- 3 번 반복하기
  - 이동 방향으로 100 만큼 움직이기
  - 방향을 120° 만큼 회전하기

한 변이 100인 정사각형
- 시작하기 버튼을 클릭했을 때
- 그리기 시작하기
- 4 번 반복하기
  - 이동 방향으로 100 만큼 움직이기
  - 방향을 90° 만큼 회전하기

한 변이 100인 정오각형
- 시작하기 버튼을 클릭했을 때
- 그리기 시작하기
- 5 번 반복하기
  - 이동 방향으로 100 만큼 움직이기
  - 방향을 72° 만큼 회전하기

한 변이 100인 정육각형
- 시작하기 버튼을 클릭했을 때
- 그리기 시작하기
- 6 번 반복하기
  - 이동 방향으로 100 만큼 움직이기
  - 방향을 60° 만큼 회전하기

어때요? 규칙이 보이나요?

반복 횟수 × 회전 각도 = 360

어때요? 이제 위의 식을 이용하여 다양한 도형을 그릴 수 있겠지요?

이제 무엇이든 그릴 수 있어!

8장 도토리 모으기 107

수학 개념

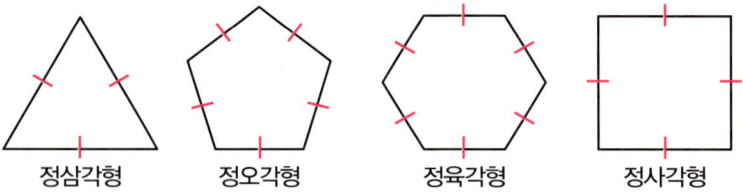

정삼각형　정오각형　정육각형　정사각형

정다각형 변의 길이가 모두 같고 각의 크기가 모두 같은 다각형을 **정다각형**이라고 합니다.

수학 코딩

1 엔트리봇이 **정이십각형**을 그리도록 아래 블록에 알맞은 숫자를 넣어 실행시켜 보세요.

시작하기 버튼을 클릭했을 때
그리기 시작하기
◯ 번 반복하기
　이동 방향으로 30 만큼 움직이기
　방향을 ◯ 만큼 회전하기

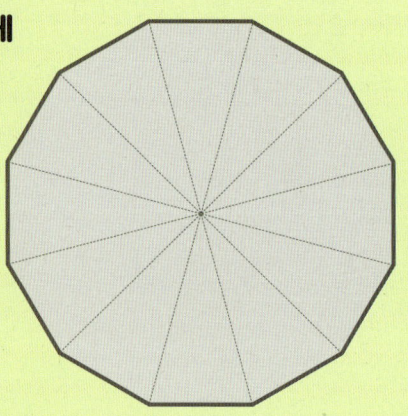

2 엔트리봇이 **정삼십육각형**을 그리도록 아래 블록에 알맞은 숫자를 넣어 실행시켜 보세요.

시작하기 버튼을 클릭했을 때
그리기 시작하기
◯ 번 반복하기
　이동 방향으로 15 만큼 움직이기
　방향을 ◯ 만큼 회전하기

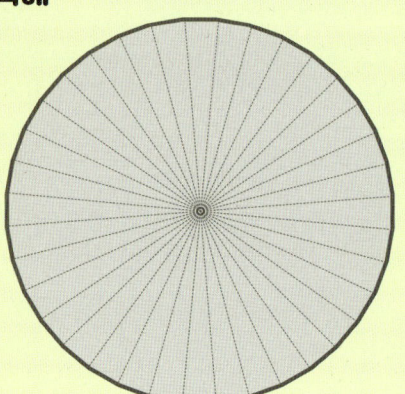

3-1 · 2단원 평면도형

동영상 카드 만들기

멋진 동영상 생일 카드를 만들어 볼까요?
3층 케이크를 그리고, 생일 축하의 메시지와 함께
힘찬 박수 소리를 넣어 코딩해 보세요.

이동 거리와 회전 각도만 알면 오케이!

멋진 케이크와 함께 축하의 말을 전해 볼까?

케이크를 그리고 메시지와 소리를 출력하도록 코딩하세요.

① bit.ly/엔트리도형편_09 에 접속하여 **코딩 1** 장면을 선택하세요.

② 오브젝트 목록에서 **연필**을 선택한 다음, 아래의 순서대로 블록을 조립하고 ◯에 각각 숫자를 입력합니다. 우선 케이크의 왼쪽 부분을 그릴 거예요.

③ ▶시작하기 를 누르고 연필이 어떻게 움직이는지 확인해 보세요.
케이크의 왼쪽 면이 잘 그려지나요?

4 이제 케이크의 오른쪽 부분과 밑부분을 마저 완성해 봅시다. 아래의 순서대로 블록을 조립하고 ◯에 각각 숫자를 입력합니다.

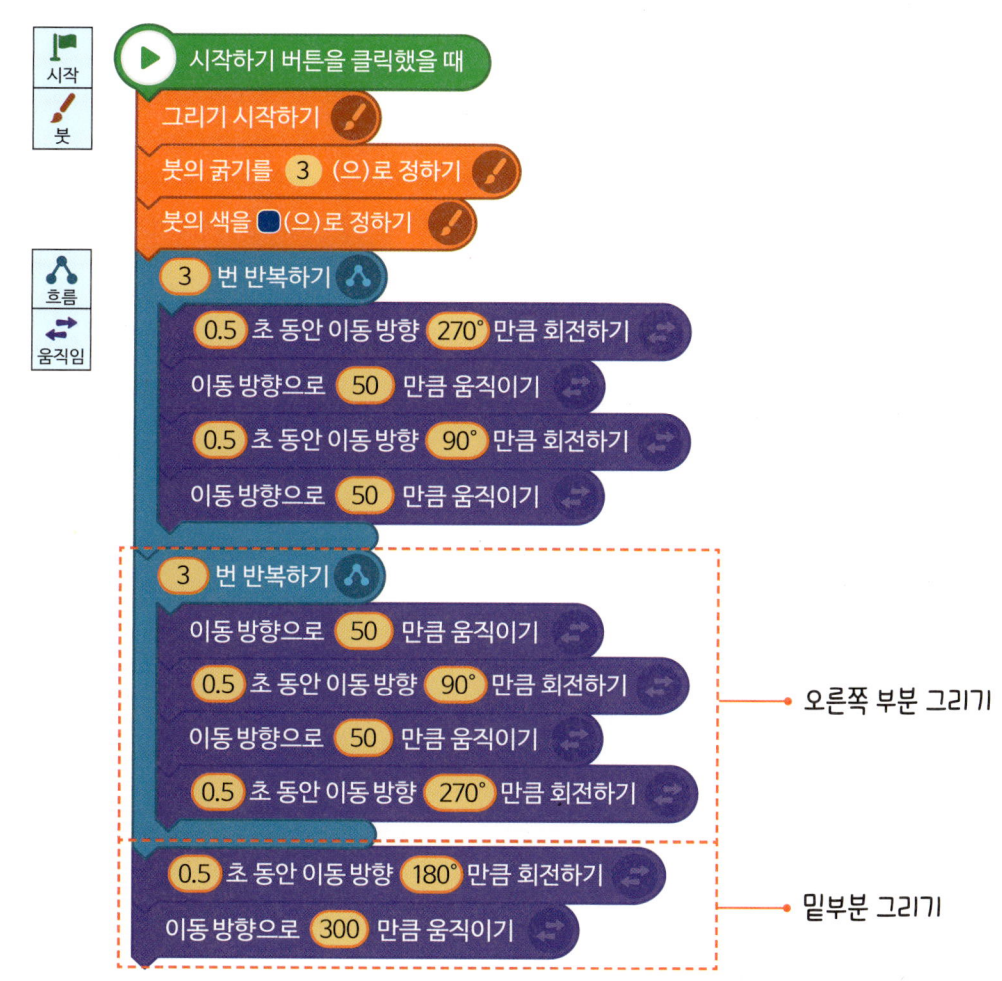

5 ▶시작하기 를 누르고 연필이 어떻게 움직이는지 확인해 보세요. 케이크의 전체 모양이 잘 그려지나요?

⑤ **소리** 탭에서 소리 추가하기 를 클릭하세요. 그다음, **사람**을 선택한 뒤 **박수갈채**를 찾아 **적용하기**를 클릭합니다.

항목에서 **사람**을 선택한 뒤 **박수갈채**를 찾아 적용합니다.

⑥ 아래와 같이 소리 블록을 추가하세요. 소리 블록의 ▽를 클릭하고 새롭게 추가한 **박수갈채**를 선택하세요. 그다음 메시지(말풍선)를 출력하는 블록을 조립하여 코드를 완성해 보세요!

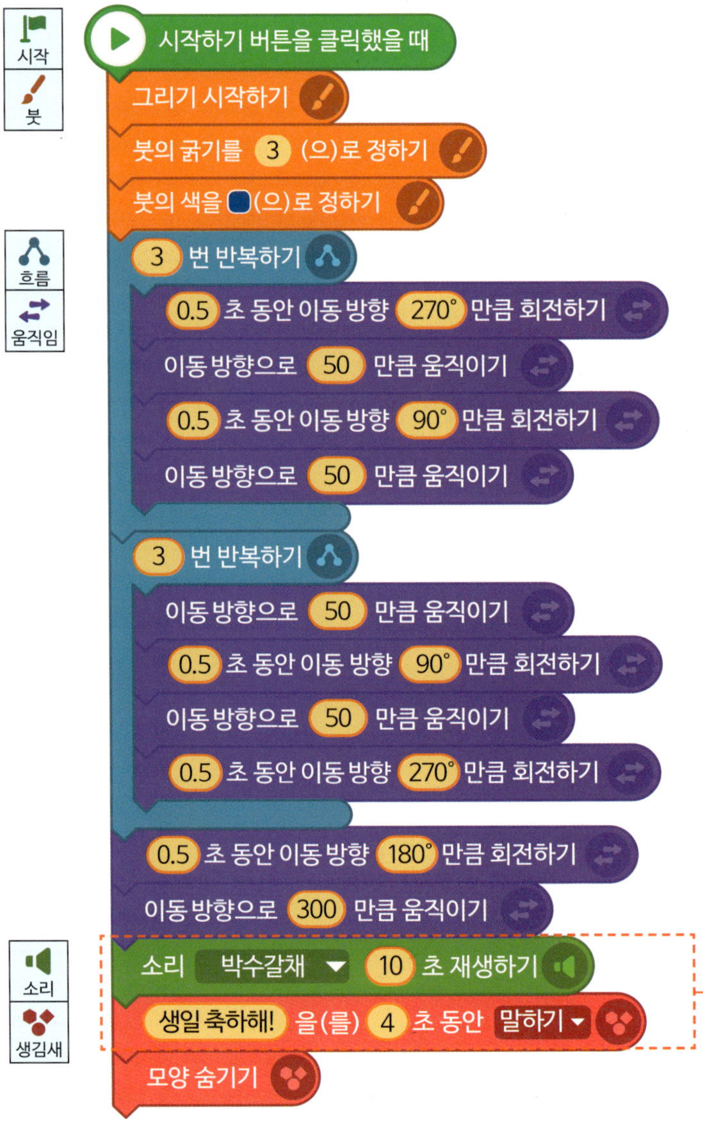

- 시작하기 버튼을 클릭했을 때
- 그리기 시작하기
- 붓의 굵기를 3 (으)로 정하기
- 붓의 색을 ■ (으)로 정하기
- 3 번 반복하기
  - 0.5 초 동안 이동 방향 270° 만큼 회전하기
  - 이동 방향으로 50 만큼 움직이기
  - 0.5 초 동안 이동 방향 90° 만큼 회전하기
  - 이동 방향으로 50 만큼 움직이기
- 3 번 반복하기
  - 이동 방향으로 50 만큼 움직이기
  - 0.5 초 동안 이동 방향 90° 만큼 회전하기
  - 이동 방향으로 50 만큼 움직이기
  - 0.5 초 동안 이동 방향 270° 만큼 회전하기
- 0.5 초 동안 이동 방향 180° 만큼 회전하기
- 이동 방향으로 300 만큼 움직이기
- 소리 박수갈채 ▼ 10 초 재생하기
- 생일 축하해! 을(를) 4 초 동안 말하기 ▼
- 모양 숨기기

→ 소리와 메시지를 출력하기

어떤 코드가 반복되어 실행되는지 잘 관찰해 봐. 몇 번 반복해야 하는지도!

 완성 ▶시작하기 를 누르고 연필이 어떻게 움직이는지 확인해 보세요.

 연습 붓의 굵기와 색을 바꿔 케이크를 그려 볼까요? 아래와 같은 모양의 케이크를 그리기 위한 블록을 완성하고, ▶시작하기 를 눌러 결과를 확인해 보세요.

선이 점점 얇아지거나 점점 두꺼워지게 하려면 어떤 코드를 써야 할까?

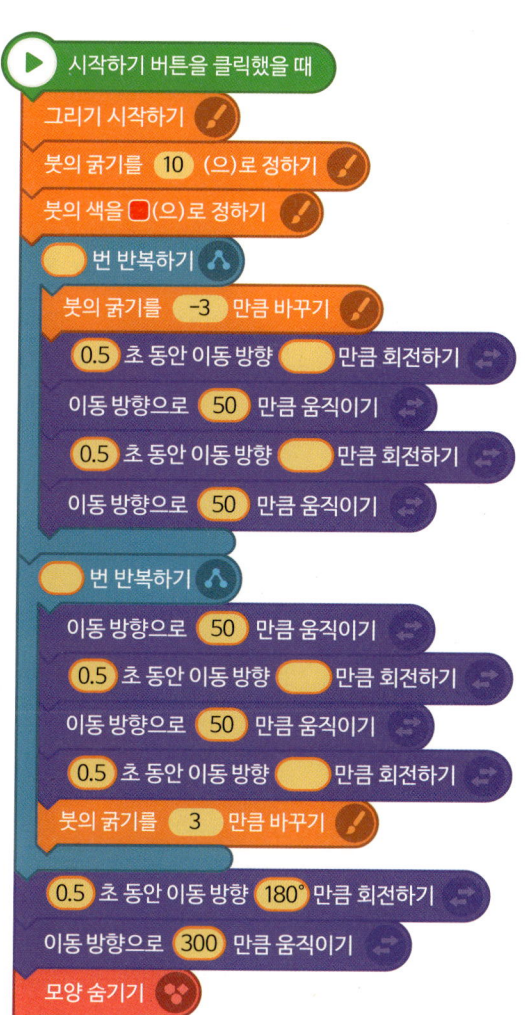

9장 동영상 카드 만들기

개구리가 잠자리를 모두 잡아먹도록 코딩하세요.

① bit.ly/엔트리도형편_09 에 접속하여 **코딩 2** 장면을 선택하세요.

② 오브젝트 목록에서 **개구리**를 선택한 다음, 아래의 순서대로 블록을 조립하고 ⬤ 에 각각 숫자를 입력합니다. 고추잠자리의 위치를 잘 관찰하며 코딩해 보세요.

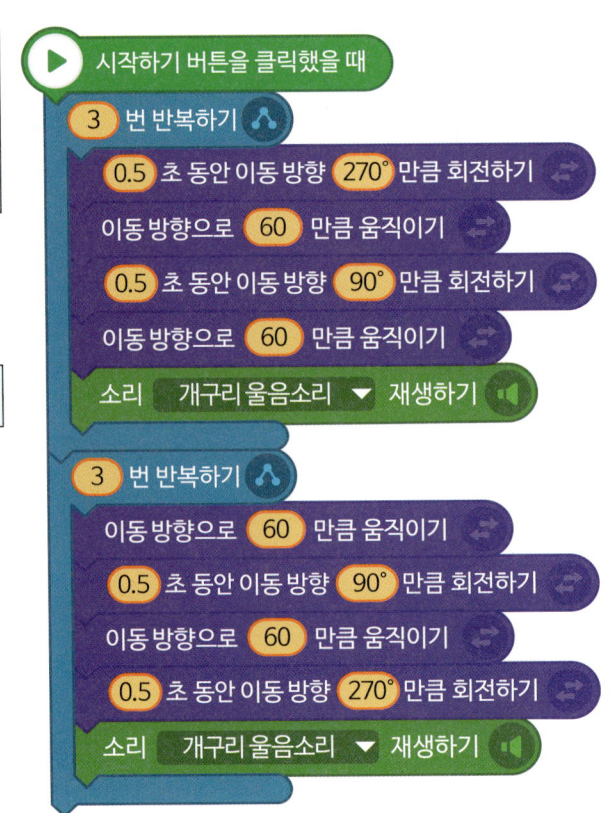

114

3 오브젝트 목록에서 **고추잠자리 1**을 선택하세요. 그다음 아래의 순서대로 블록을 조립하고 개구리가 닿으면 고추잠자리가 사라지도록 코딩하세요. 코드가 완성되면 복사하여 **고추잠자리 2~11**에도 똑같이 붙여 넣으세요.

완성 ▶ 시작하기 를 누르고 개구리가 고추잠자리를 모두 잡아먹는지 확인하세요. 또 개구리가 움직이는 방향을 잘 관찰해 보세요.

연습 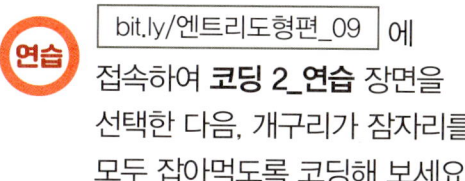 에 접속하여 **코딩 2_연습** 장면을 선택한 다음, 개구리가 잠자리를 모두 잡아먹도록 코딩해 보세요.

맞아요! 270도 회전은 -90도 회전과 같아요.

이동 방향
-90도 회전

각도에 대해 잘 알고 있으면 같은 각도를 다른 숫자로 나타낼 수 있어요!

수학 코딩

1 왼쪽 코드와 서로 같은 결과 값을 가지는 코드를 오른쪽에서 찾아 연결해 보세요.

왼쪽:
- 시작하기 버튼을 클릭했을 때 / 그리기 시작하기 / 이동 방향으로 100 만큼 움직이기 / 이동 방향을 -90° 만큼 회전하기 / 이동 방향으로 100 만큼 움직이기
- 시작하기 버튼을 클릭했을 때 / 그리기 시작하기 / 이동 방향으로 100 만큼 움직이기 / 이동 방향을 240° 만큼 회전하기 / 이동 방향으로 100 만큼 움직이기
- 시작하기 버튼을 클릭했을 때 / 그리기 시작하기 / 이동 방향으로 100 만큼 움직이기 / 이동 방향을 -200° 만큼 회전하기 / 이동 방향으로 100 만큼 움직이기

오른쪽:
- 시작하기 버튼을 클릭했을 때 / 그리기 시작하기 / 이동 방향으로 100 만큼 움직이기 / 이동 방향을 -120° 만큼 회전하기 / 이동 방향으로 100 만큼 움직이기
- 시작하기 버튼을 클릭했을 때 / 그리기 시작하기 / 이동 방향으로 100 만큼 움직이기 / 이동 방향을 160° 만큼 회전하기 / 이동 방향으로 100 만큼 움직이기
- 시작하기 버튼을 클릭했을 때 / 그리기 시작하기 / 이동 방향으로 100 만큼 움직이기 / 이동 방향을 270° 만큼 회전하기 / 이동 방향으로 100 만큼 움직이기

4-1 · 2단원 각도

10

반짝반짝 별 그리기

어두운 밤하늘에 반짝이는 별을 그려 볼까요?

별을 그리도록 코딩하는 방법에는 여러 가지가 있답니다.

다양한 색과 크기의 별을 그릴 수 있도록 코딩해 보세요.

크기도 마음대로, 색깔도 마음대로 그릴 수 있어!

이제 오브젝트도 직접 선택해 줘!

코딩 01

연필 오브젝트가 별을 한번에 그리도록 코딩하세요.

① bit.ly/엔트리도형편_10 에 접속하여 **코딩 1** 장면을 선택하세요.

② +오브젝트 추가하기 를 클릭하고 **연필(1)**을 선택해요. 연필의 크기조절점 꼭지점을 클릭하여 크기를 조금 줄이세요. 그리고 중심점을 연필심 쪽으로 옮겨 주세요.

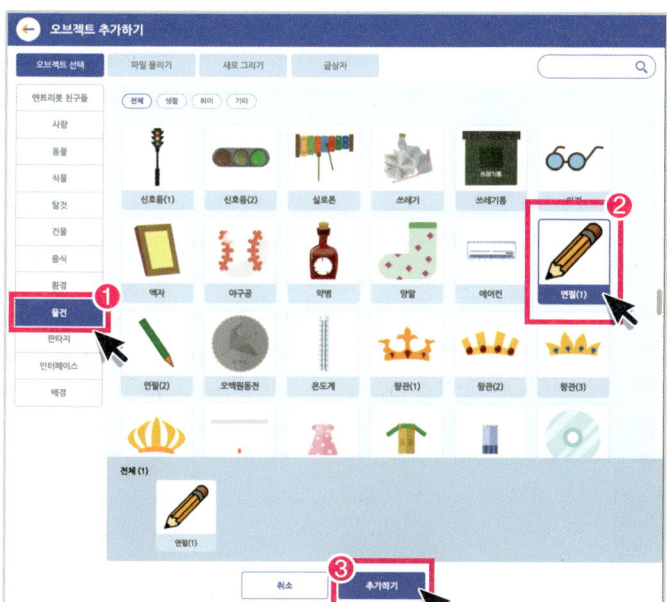
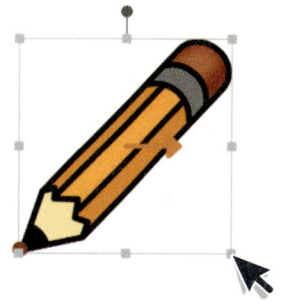

③ 아래의 순서대로 블록을 조립하고, ⬤ 에 각각 숫자를 입력합니다. ▶시작하기 를 누르고 연필이 어떻게 움직이는지 확인해 보세요.

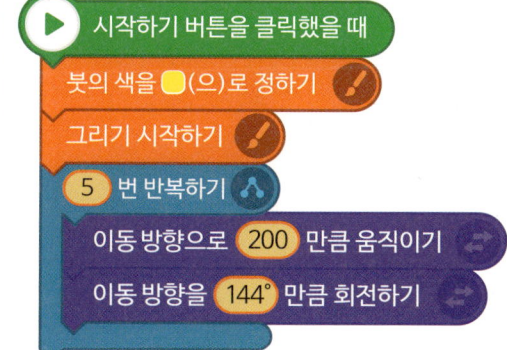

④ 엔트리봇이 순식간에 별을 그렸네요! 엔트리봇이 별을 그리는 과정을 보고 싶다면 아래와 같이 블록을 조립하고 실행해 보세요.

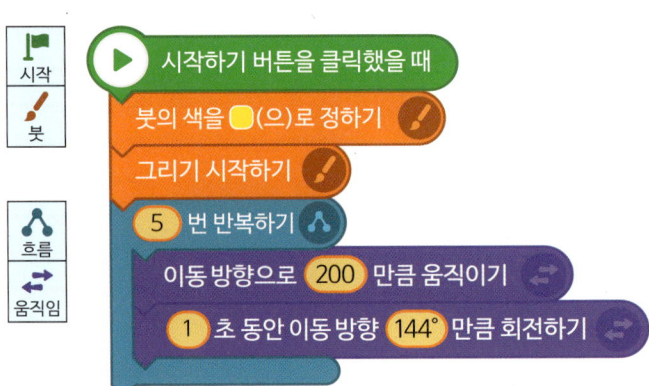

완성 ▶시작하기 를 누르고 연필이 어떻게 움직이는지 확인해 보세요.
별이 제대로 잘 그려지나요?

연습 아래의 조건에 맞는 코드를 조립하여 별을 그려 보세요.

A 연필의 이동 거리가 100, 선 굵기가 3인 파란색 별

B 연필의 이동 거리가 30, 선 굵기가 2인 초록색 별

C 연필의 이동 거리가 150, 선 굵기가 5인 빨간색 별

똑같은 결과라도
다양한 모양으로
코딩할 수 있어!

선이 겹치지 않게 한 변씩 별을 그리도록 코딩하세요.

① bit.ly/엔트리도형편_10 에 접속하여 **코딩 2** 장면을 선택하세요.

② +오브젝트 추가하기 를 클릭하고 **연필(1)**을 선택해요. 연필의 크기조절점 꼭지점을 클릭하여 크기를 조금 줄이고 중심선을 연필심으로 이동하세요.

③ 아래의 순서대로 블록을 조립하고, ⬭ 에 각각 숫자를 입력합니다.

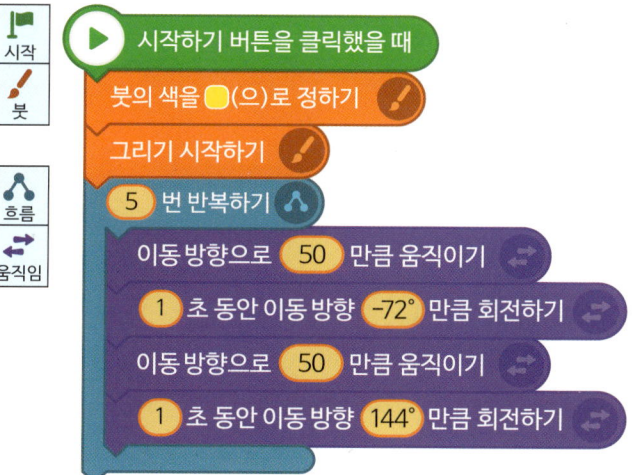

완성 ▶시작하기 를 누르고 연필이 어떻게 움직이는지 확인해 보세요.
선이 겹치지 않는 별이 제대로 잘 그려지나요?

다양한 굵기와 색의 별을 그리도록 코딩하세요.

① bit.ly/엔트리도형편_10 에 접속하여 **코딩 3** 장면을 선택하세요.

② +오브젝트 추가하기 를 클릭하고 **연필**을 선택해요. 연필의 크기조절점 꼭지점을 클릭하여 크기를 조금 줄이고 중심점을 연필선으로 이동하세요.

③ 이번엔 별의 색을 컴퓨터가 알아서 정하도록 코딩해 볼 거예요. 아래의 순서대로 블록을 조립하고, ⬤에 각각 숫자를 입력합니다.

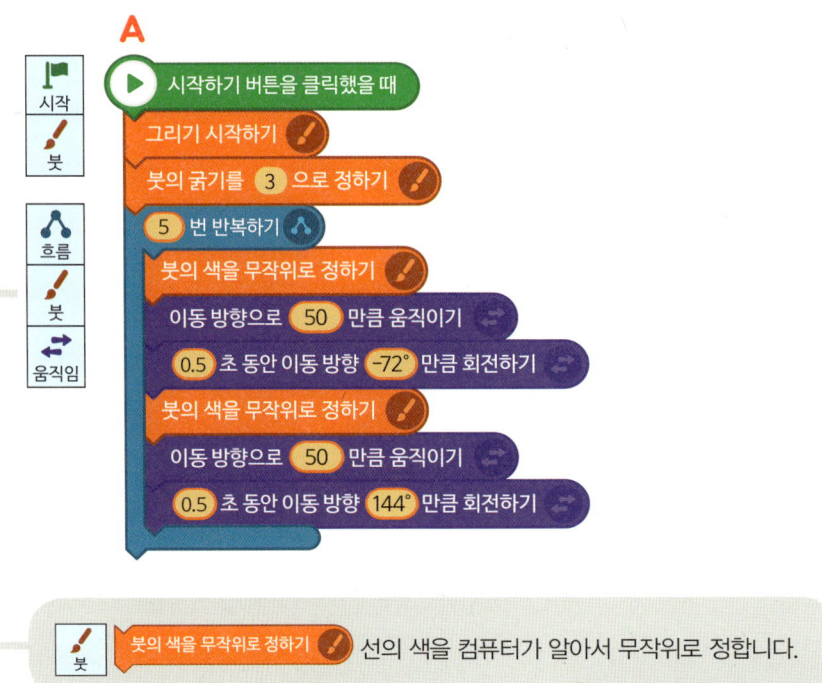

붓의 색을 무작위로 정하기 ✏ 선의 색을 컴퓨터가 알아서 무작위로 정합니다.

 ▶시작하기 를 누르고 연필이 어떻게 움직이는지 확인해 보세요. 별이 제대로 잘 그려지나요?

④ 별 그리기는 시작하는 오브젝트의 위치, 움직이는 방향, 회전 방향에 따라 다양한 방법으로 코딩할 수 있어요. 아래의 순서대로 다시 블록을 조립하고, ◯에 각각 숫자를 입력하세요. 앞에서 그린 별과 어떤 점이 다른가요?

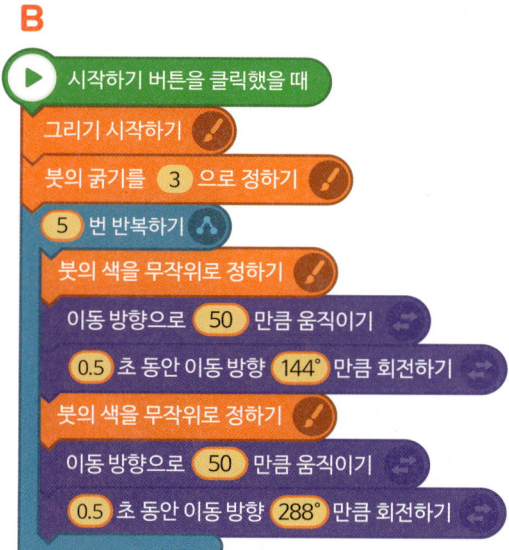

완성 ▶시작하기 를 누르고 연필이 어떻게 움직이는지 확인해 보세요. 별이 제대로 잘 그려지나요?

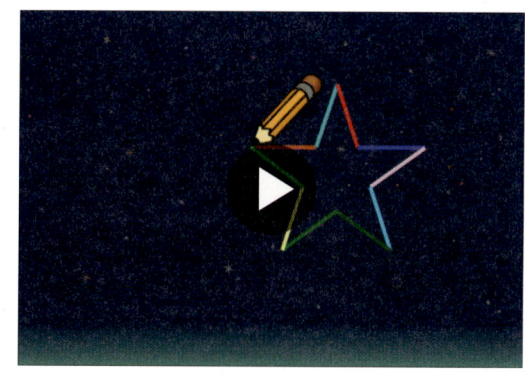

엔트리 TIP +와 - 입력 값의 차이

방향을 240° 만큼 회전하기
해당 오브젝트가 **시계(오른쪽) 방향**으로 입력한 각도만큼 회전합니다.

결과는 같음 =

방향을 -120° 만큼 회전하기
해당 오브젝트가 **반시계(왼쪽) 방향**으로 입력한 각도만큼 회전합니다.

10장 반짝반짝 별 그리기 **123**

코딩 04 원하는 위치에 마음껏 별을 그릴 수 있도록 코딩하세요.

① bit.ly/엔트리도형편_10 에 접속하여 **코딩 4** 장면을 선택하세요.

② +오브젝트 추가하기 를 클릭하고 **연필**을 선택해요. 연필의 크기조절점 꼭지점을 클릭하여 크기를 조금 줄이고 중심점을 연필선으로 이동하세요.

③ 마우스로 원하는 위치를 클릭하면 그 위치에 별이 그려지도록 코딩해 볼까요? 마우스를 클릭하면 오브젝트에게 신호를 보내고, 오브젝트가 신호를 받으면 별을 그리도록 코딩하면 됩니다. 우선 연필 오브젝트에게 보낼 신호를 만들어 봅시다.
연필 오브젝트를 선택하고 **속성** 탭의 신호를 선택하여 신호 추가하기 를 클릭하세요. 그다음 신호를 **그리기**로 바꿉니다.

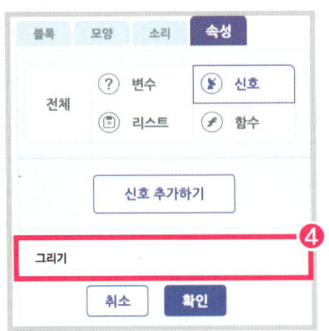

④ **블록 탭**을 선택하고 아래의 순서대로 블록을 조립하세요.

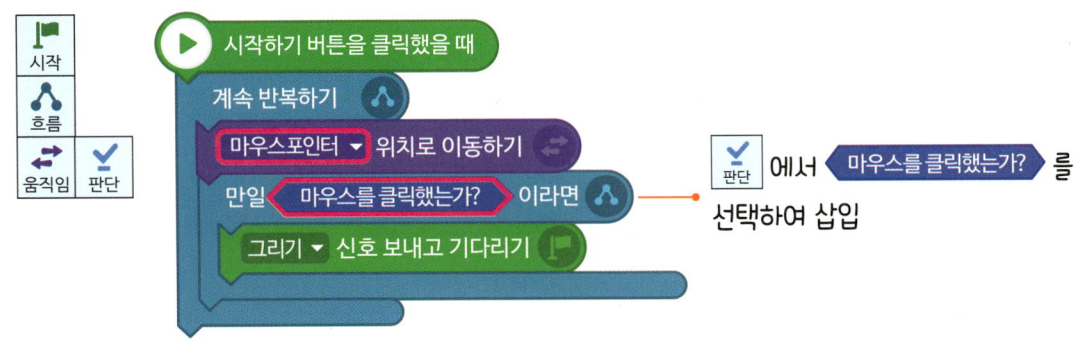

5 그다음, 신호를 받은 오브젝트가 실행할 코드를 만들어 보세요. 앞에서 만든 블록과 함께 실행될 새로운 코드를 추가하는 거예요. 아래의 순서대로 블록을 조립하고, ⬤ 에 각각 숫자를 입력하세요. **그리기** 신호를 받으면 아래 블록들이 차례로 실행됩니다. 별의 색은 컴퓨터가 **무작위**로 선택합니다.

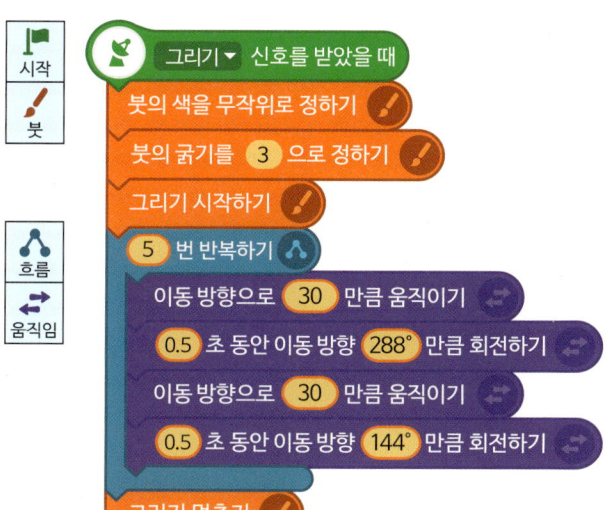

시작하기 버튼을 클릭해도 코드가 바로 실행되지 않아. 마우스를 클릭해야 연필 오브젝트가 움직이지.

엔트리 TIP · 신호

오브젝트에게 명령을 내릴 때 블록이 너무 길어지는 경우가 있지요. 이럴 때 **신호** 기능을 활용하면 좀 더 편리하게 여러 개의 오브젝트를 제어할 수 있습니다. 예를 들어, 특정 오브젝트에서 다른 오브젝트로 신호를 보내면 신호를 받은 오브젝트는 주어진 명령을 실행합니다.

- `대상없음▼ 신호를 받았을 때` 해당 신호를 받으면 연결된 블록들을 실행합니다.
- `대상없음▼ 신호 보내기` 목록에 선택된 신호를 보냅니다.
- `대상없음▼ 신호 보내고 기다리기` 목록에 선택된 신호를 보내고, 해당 신호를 받는 블록들의 실행이 끝날 때까지 기다립니다.

▶시작하기 를 누르면 마우스포인터가 움직일 거예요. 원하는 곳에 마우스포인터를 놓고 클릭한 다음, 연필이 어떻게 움직이는지 확인해 보세요. 다양한 색깔의 별이 제대로 잘 그려지나요?

 이번에는 연필이 **코딩 1**의 별 색깔을 무작위로 그리도록 코딩해 볼까요? 아래 코드에 알맞은 값과 숫자를 넣어 실행해 보세요.

엔트리랑 수학이랑

별 모양 그리기 코딩 완성! 이제 수많은 별을 얼마든지 그릴 수 있어요!

그럼 지금부터 별 그리기 코딩 방법을 차근차근 떠올려 봅시다.

첫 번째 별은 이런 방법으로 그렸어요.

연필을 떼지 않고 한번에 완성했지요.

어지러워~

이때 연필의 회전 각도가 얼마였는지 기억나나요?

맞아요. 144도였어요.

이 회전 각도는 어떻게 구한 걸까요?

108도

정오각형의 한 각의 크기는 108도였지요.

72도
72도
108도

삼각형의 내각의 합은 180도이므로 72+72+?=180 따라서 ?=36도 그러므로
회전각은 180-36=144도

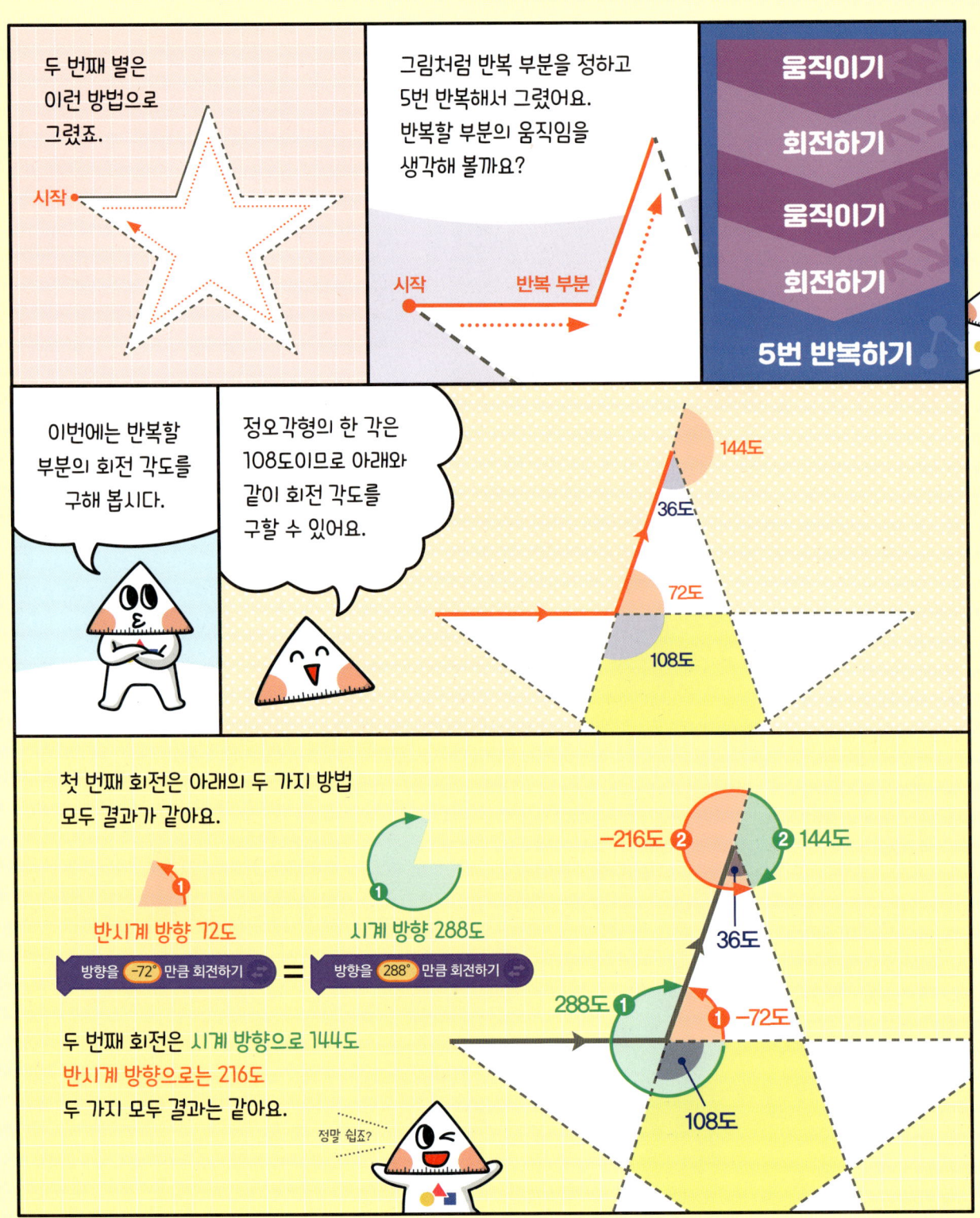

수학 코딩

1 엔트리봇이 한 변의 길이가 **100**인 별 모양을 그리도록 오른쪽 코드의 ◯에 알맞은 숫자를 써 넣으세요.

똑같은 코드가 몇 번 반복되는지 세어 봐!

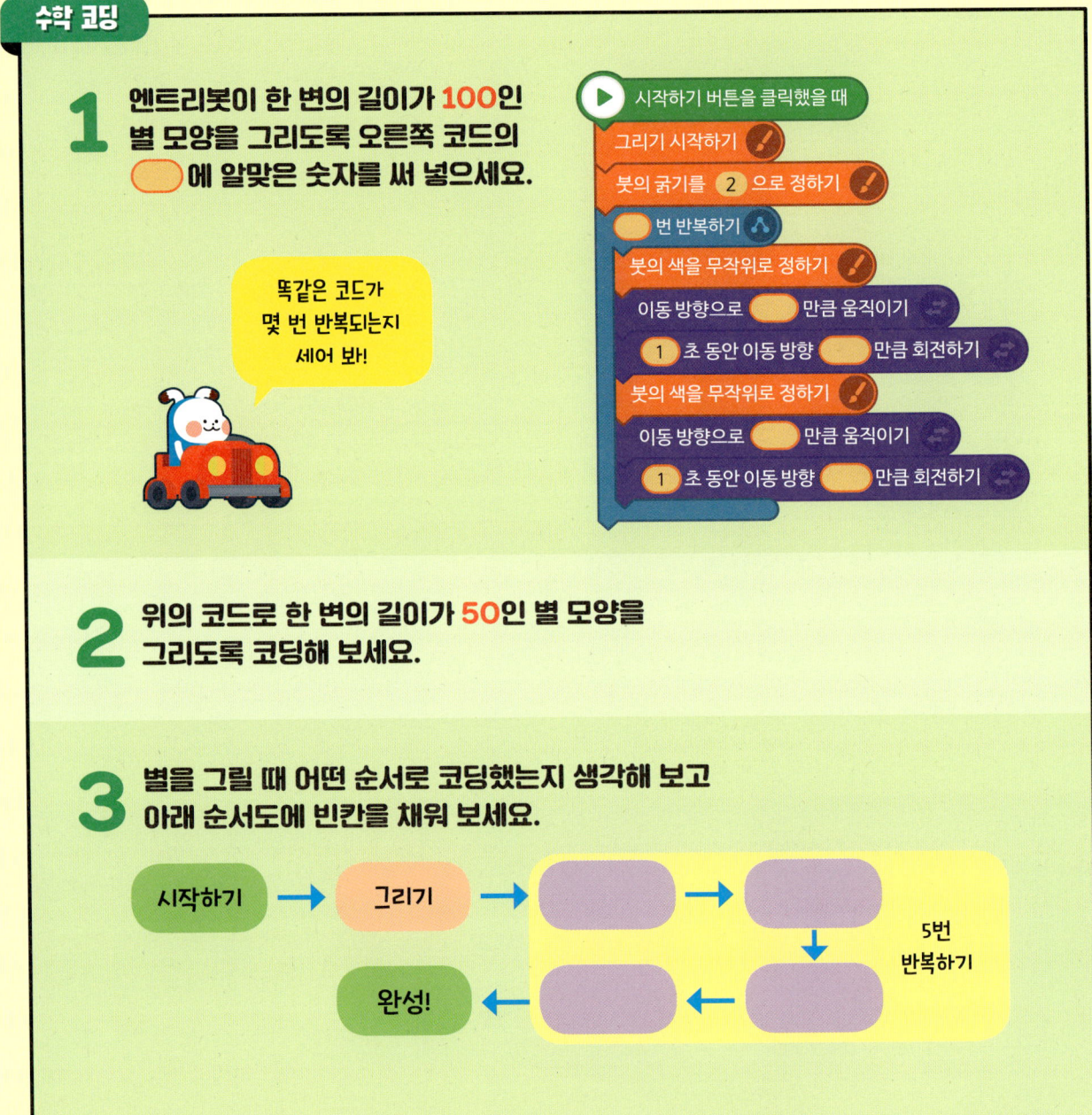

2 위의 코드로 한 변의 길이가 **50**인 별 모양을 그리도록 코딩해 보세요.

3 별을 그릴 때 어떤 순서로 코딩했는지 생각해 보고 아래 순서도에 빈칸을 채워 보세요.

시작하기 → 그리기 → ◯ → ◯ → 5번 반복하기 → ◯ → ◯ → 완성!

3-2 · 3단원 원

11

화려한 불꽃놀이

캄캄한 밤하늘에 원 모양으로 불꽃을 터트려 불꽃놀이를 할 거예요.
몇 개의 불꽃을 어느 정도의 크기로 나타나게 할 수 있을까요?
여러분이 원하는 대로 원 모양의 불꽃이 나타나도록 코딩해 보세요.

11장 화려한 불꽃놀이 131

원 모양으로 불꽃을 터트리도록 코딩하세요.

① `bit.ly/엔트리도형편_11` 에 접속하여 **코딩 1** 장면을 선택하세요.

② 오브젝트 목록에서 엔트리봇을 삭제한 다음, `+ 오브젝트 추가하기` 를 클릭하고 **불(1)**을 선택해요. 불 오브젝트의 크기를 줄이고, 중심점을 그림과 같이 옮기세요.

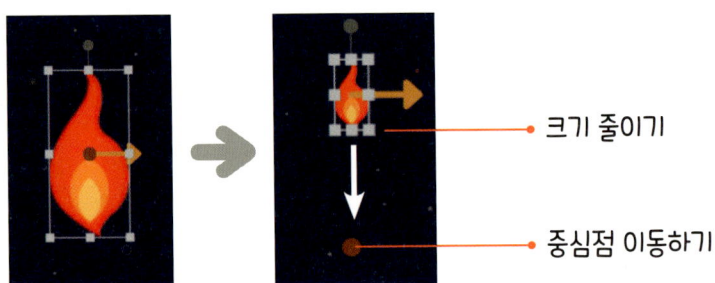

- 크기 줄이기
- 중심점 이동하기

엔트리 TIP 오브젝트 크기 바꾸기

오브젝트의 크기를 바꾸는 방법은 세 가지가 있습니다.

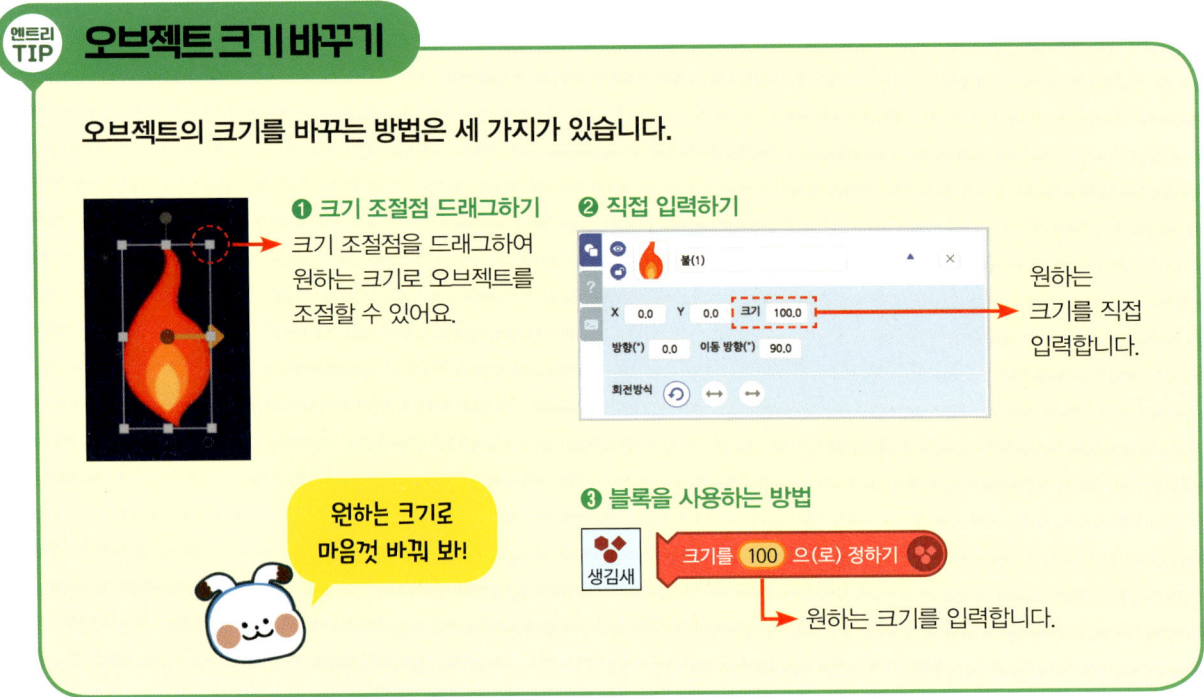

❶ 크기 조절점 드래그하기
크기 조절점을 드래그하여 원하는 크기로 오브젝트를 조절할 수 있어요.

❷ 직접 입력하기
원하는 크기를 직접 입력합니다.

❸ 블록을 사용하는 방법
원하는 크기를 입력합니다.

원하는 크기로 마음껏 바꿔 봐!

132

③ 불의 위치를 아래 화면과 같이 옮긴 다음, **소리** 탭에서 **소리 추가**를 클릭하세요.

항목에서 **판타지**를 선택한 뒤 **전자신호음2**를 찾아 적용합니다.

아래의 순서대로 블록을 조립하고 ⬤ 에 각각 숫자를 입력합니다.
소리 블록의 ▽를 클릭하고 새롭게 추가한 **전자신호음2**를 선택하세요.

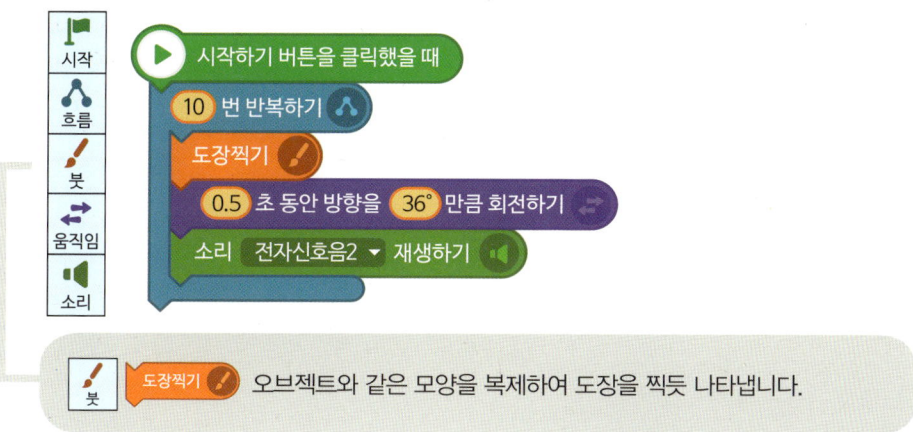

완성 ▶ 시작하기 를 누르고 불꽃의 모양을 확인해 보세요.

11장 화려한 불꽃놀이 **133**

④ 이번엔 불꽃의 개수를 늘려 볼까요? 아래의 순서대로 블록을 조립하고, ◯ 에 각각 숫자를 입력합니다. 다음 두 개의 코드를 조립하고 각각 실행해 보세요. 반복 횟수와 회전 각도와의 관계를 잘 살펴보세요.

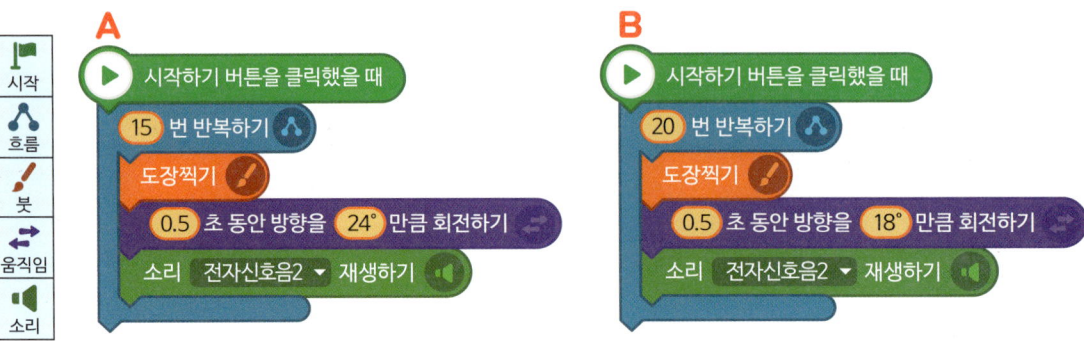

완성  시작하기 를 누르고 불꽃의 모양을 확인해 보세요.

QR 코드로 A를 확인해 봐! B도 어떤 모양일지 상상 되지?

연습 bit.ly/엔트리도형편_11 에 접속하여 **코딩 1_연습** 장면을 선택하세요.
불(1) 오브젝트를 선택한 다음, 태양의 주위에 불꽃을 원 모양으로 그리도록 코딩해 보세요.

우주 공간에 원 모양으로 별을 그리도록 코딩하세요.

① `bit.ly/엔트리도형편_11` 에 접속하여 **코딩 2** 장면을 선택하세요.

② 화면 가운데에 있는 빨간 별을 중심으로 일정한 거리만큼 떨어진 곳에 별 도장을 찍으며 원 모양을 그리도록 코딩해 봅시다. 우선 별 오브젝트가 일정한 거리에 도장을 찍고 제자리로 돌아올 거예요. 그 과정을 각도를 바꾸며 여러 번 반복하면 원 모양이 그려진답니다.
오브젝트 목록에서 **기본별** 오브젝트를 선택한 다음, 아래의 순서대로 블록을 조립하고, ◯ 에 각각 숫자를 입력합니다.

모양 숨기기 블록으로 원 모양만 보이게 할 수 있어!

완성 ▶시작하기 를 누르고 별의 모양을 확인해 보세요.

3 이번엔 별의 개수를 늘려 볼까요? 아래의 순서대로 블록을 조립하고, ◯ 에 각각 숫자를 입력합니다. 다음 두 개의 코드를 조립하고 각각 실행해 보세요. 반복 횟수와 회전 각도와의 관계를 잘 살펴보세요.

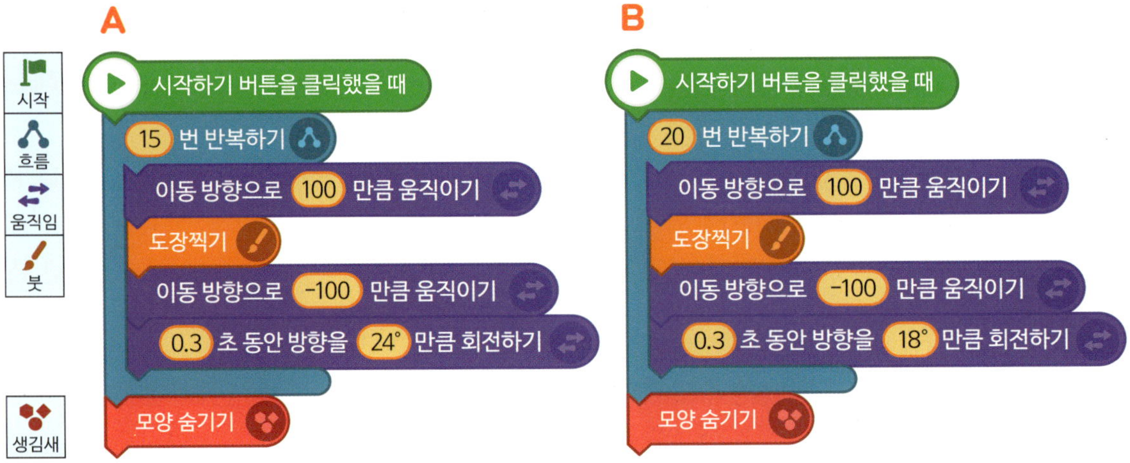

A
- 시작하기 버튼을 클릭했을 때
- 15 번 반복하기
  - 이동 방향으로 100 만큼 움직이기
  - 도장찍기
  - 이동 방향으로 -100 만큼 움직이기
  - 0.3 초 동안 방향을 24° 만큼 회전하기
- 모양 숨기기

B
- 시작하기 버튼을 클릭했을 때
- 20 번 반복하기
  - 이동 방향으로 100 만큼 움직이기
  - 도장찍기
  - 이동 방향으로 -100 만큼 움직이기
  - 0.3 초 동안 방향을 18° 만큼 회전하기
- 모양 숨기기

완성 ▶시작하기 를 누르고 **A코드**로 그린 별 모양을 확인해 보세요.

연습 오브젝트 목록에서 원하는 오브젝트를 선택하여 적당한 크기로 줄인 다음, 30번 반복하여 원 모양으로 도장찍기를 실행하도록 코딩해 보세요. 회전 각도는 몇 도로 정해야 원이 제대로 그려질까요?

점 오브젝트로 더 정확한 원의 모양을 그리도록 코딩하세요.

① bit.ly/엔트리도형편_11 에 접속하여 **코딩 3** 장면을 선택하세요.

② 오브젝트 목록에서 엔트리봇을 삭제한 다음, +**오브젝트 추가하기** 를 클릭하고 **원**을 선택해요.

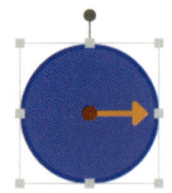

③ 원 오브젝트를 원하는 크기만큼 줄이도록 입력값을 넣고, 아래의 순서대로 블록을 조립하고 ⬤ 에 각각 숫자를 입력합니다.

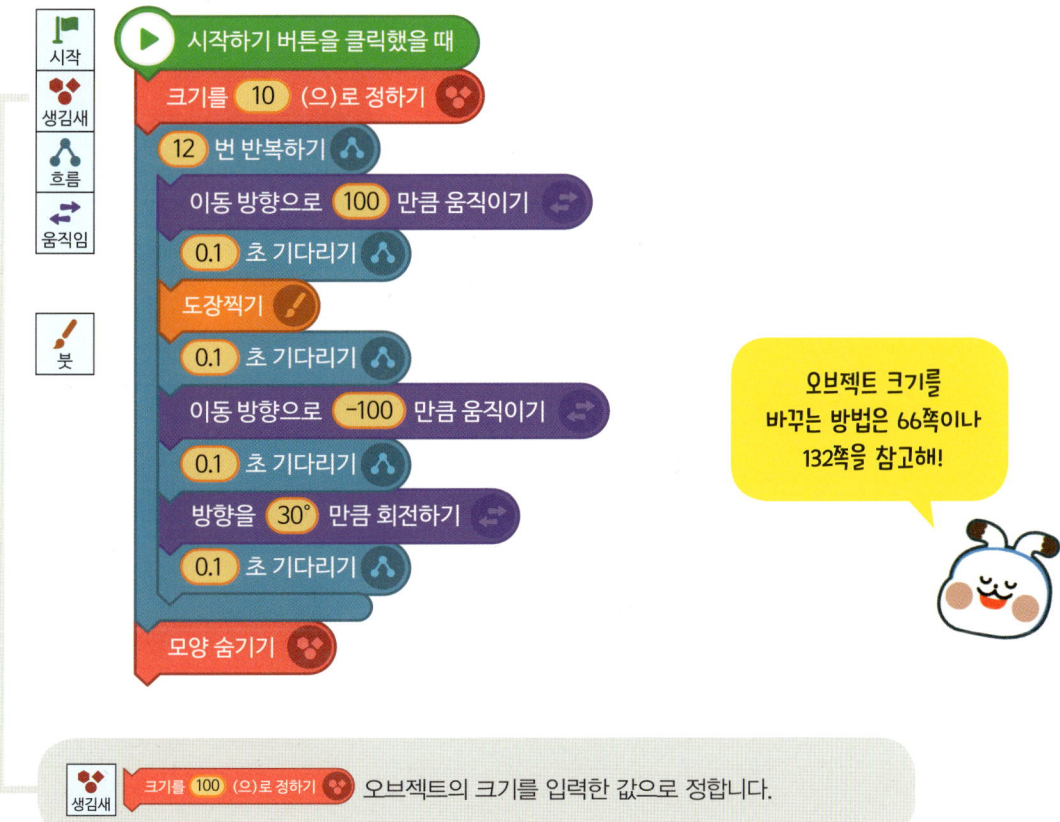

오브젝트 크기를 바꾸는 방법은 66쪽이나 132쪽을 참고해!

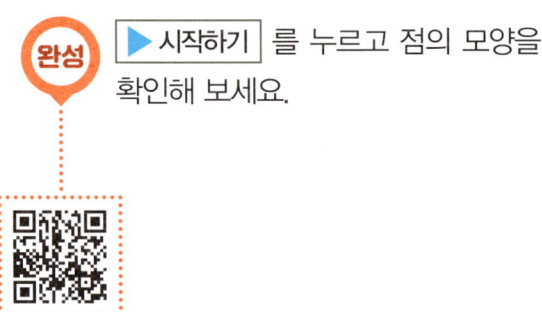

완성 ▶시작하기 를 누르고 점의 모양을 확인해 보세요.

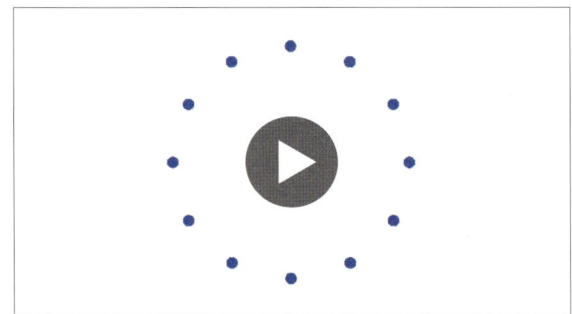

연습 이번엔 점의 개수를 늘려 볼까요? 아래의 순서대로 블록을 조립하고, ⬤ 에 각각 숫자를 입력합니다. 다음 두 개의 코드를 조립하고 각각 실행해 보세요. 반복 횟수와 회전 각도와의 관계를 잘 살펴보세요.

완성된 모양을 아래에 그려 보세요.

엔트리랑 수학이랑

오브젝트의 중심점에 대해 조금 더 자세히 알아볼까요?

오브젝트의 중심점 위치에 따라 회전하는 모습은 완전히 다르답니다.

화살표 오브젝트를 선택한 다음, 아래와 같이 블록을 조립하세요.

화살표 오브젝트의 중심점을 각각 아래와 같이 옮긴 다음 스페이스 키를 눌러 결과를 확인해 보세요.

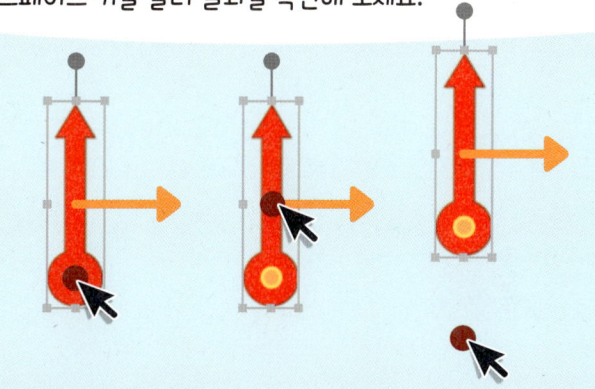

어때요? 회전하는 모습이 전부 다르죠?

완전 재밌어! 완전 신기해!

11장 화려한 불꽃놀이 **139**

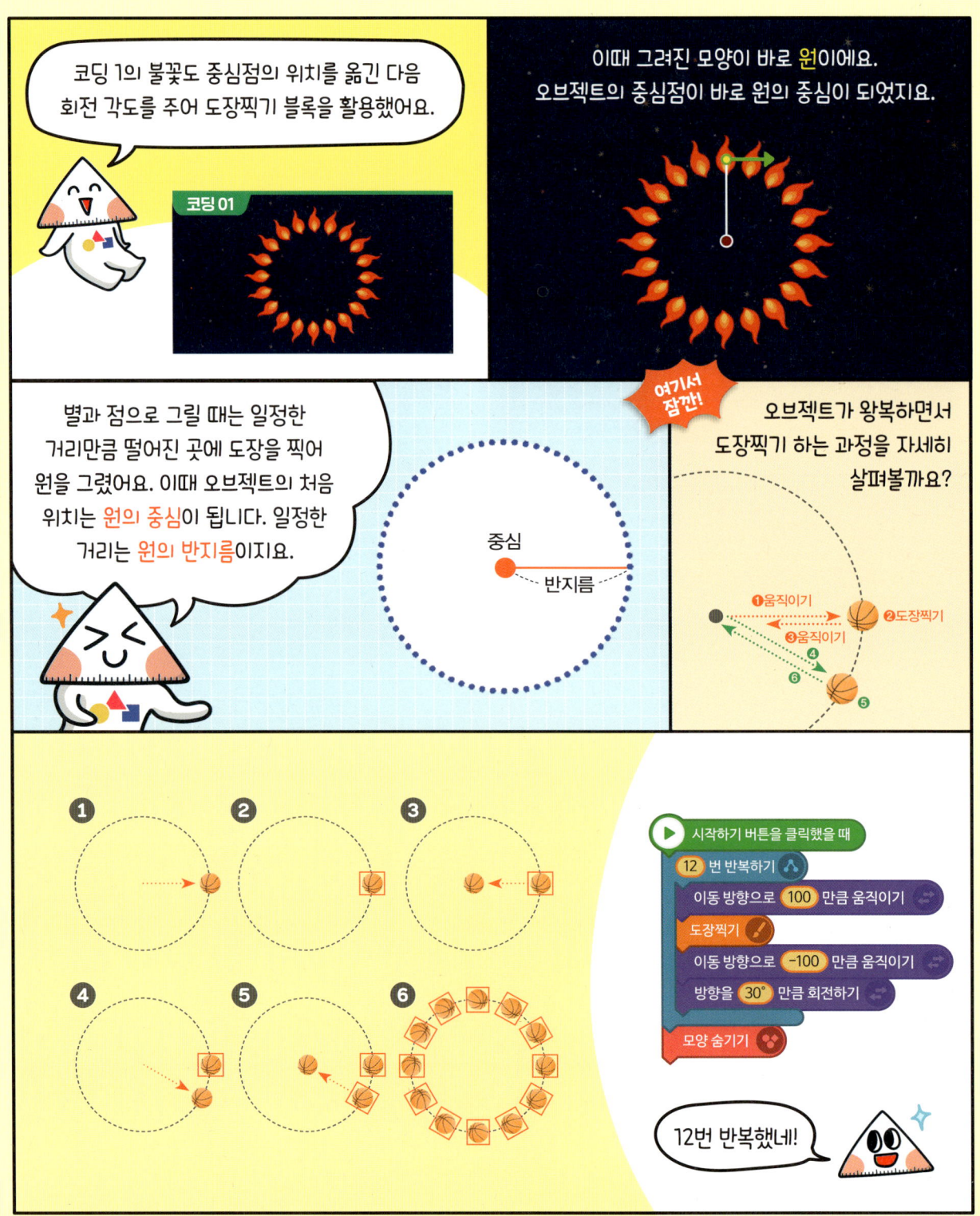

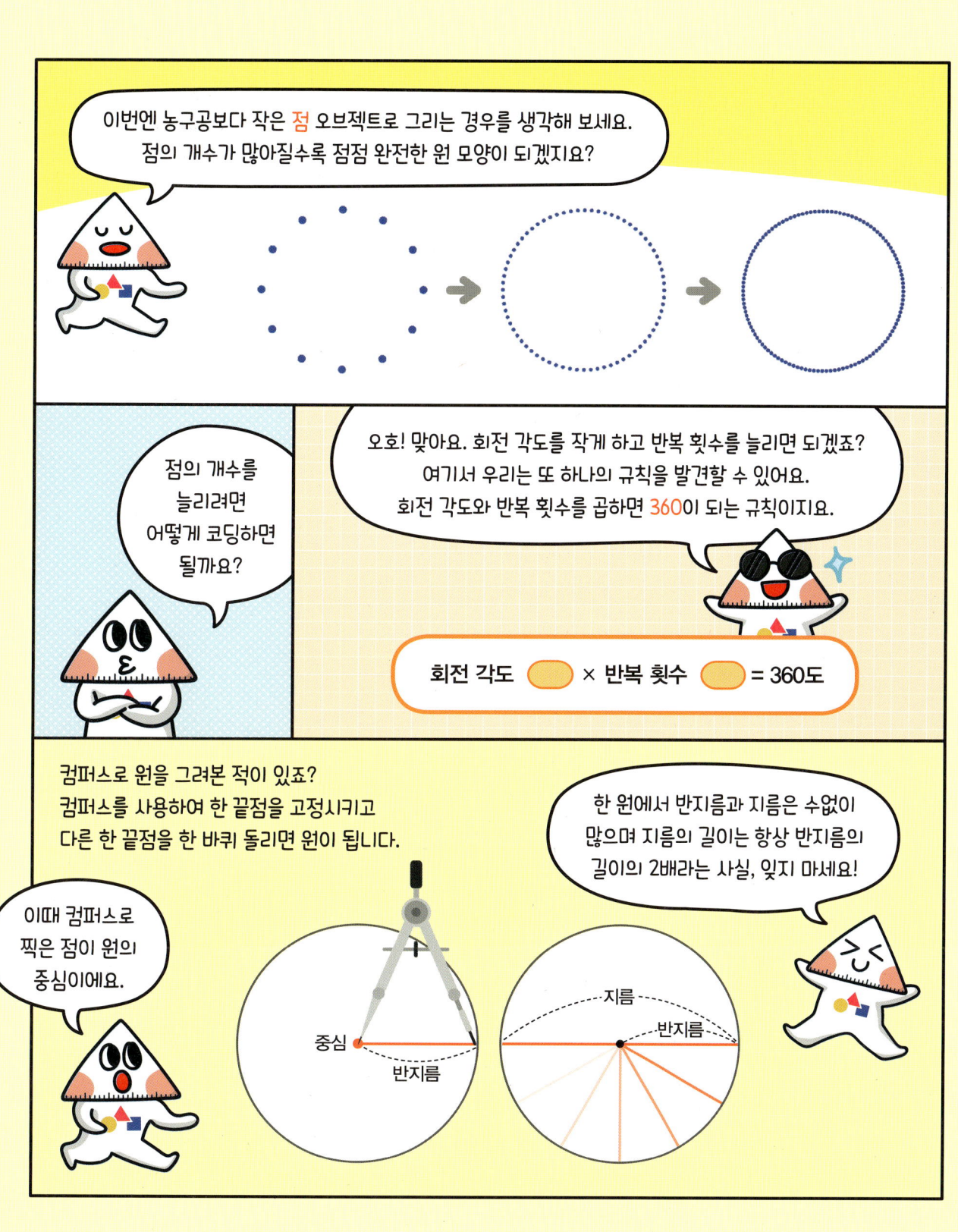

수학 개념

원, 반지름과 지름

원은 평면 위의 한 점에서 일정한 거리에 있는 점들로 이루어진 곡선입니다. 원의 가장 안쪽에 있는 점을 원의 **중심**이라 하고, 원의 중심과 원 위의 한 점을 이은 선분을 원의 **반지름**이라고 합니다. 또, 원 위의 두 점을 이은 선분이 원의 중심 ㅇ를 지날 때, 이 선분을 원의 **지름**이라고 합니다. 선분 ㅇㄱ과 선분 ㅇㄴ은 원의 반지름이고, 선분 ㄱㄴ은 원의 지름입니다.

수학 코딩

1 왼쪽의 오브젝트로 원을 그렸을 때 나타나는 모양을 오른쪽에서 찾아 연결해 보세요.

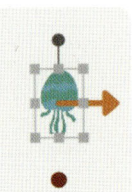

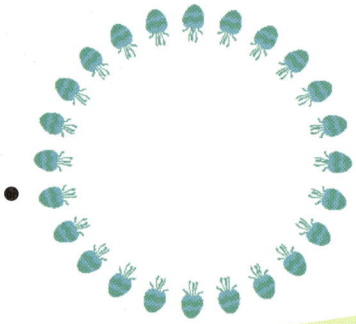

중심점에 따라 완성될 모양이 달라지지!

2 앞서 배운 코딩을 보고 반지름의 길이가 **50**인 원 모양을 그리도록 코딩해 보세요.

3 이번에는 지름의 길이가 **200**인 원 모양을 그리도록 코딩해 보세요.

3-2 · 3단원 원

12
엔트리봇의 피겨 스케이팅

11장에서 배운 '도장찍기로 원 그리기'를 응용하면
엔트리봇이 얼음판 위에서 나선을 그리며 스케이팅한 흔적을 남길 수 있어요.
엔트리봇이 화려한 회전 동작을 하도록 코딩해 보세요.

> 엔트리봇이 움직인 흔적을 잘 관찰해!

> 원하는 모양으로 원하는 횟수만큼 멋지게 회전시켜 줘!

얼음판 위에 나선 모양을 그리도록 코딩하세요.

① bit.ly/엔트리도형편_12 에 접속하여 **코딩 1** 장면을 선택하세요.

② 오브젝트 목록에서 **스케이트 엔트리봇**을 선택한 다음, 아래의 순서대로 블록을 조립합니다. 계산 꾸러미의 **초시계 시작하기** 블록, 흐름 꾸러미의 **조건** 블록, 판단 꾸러미의 **비교 연산자** 블록을 이용하여 엔트리봇의 모양을 바꾸도록 코딩할 거예요.

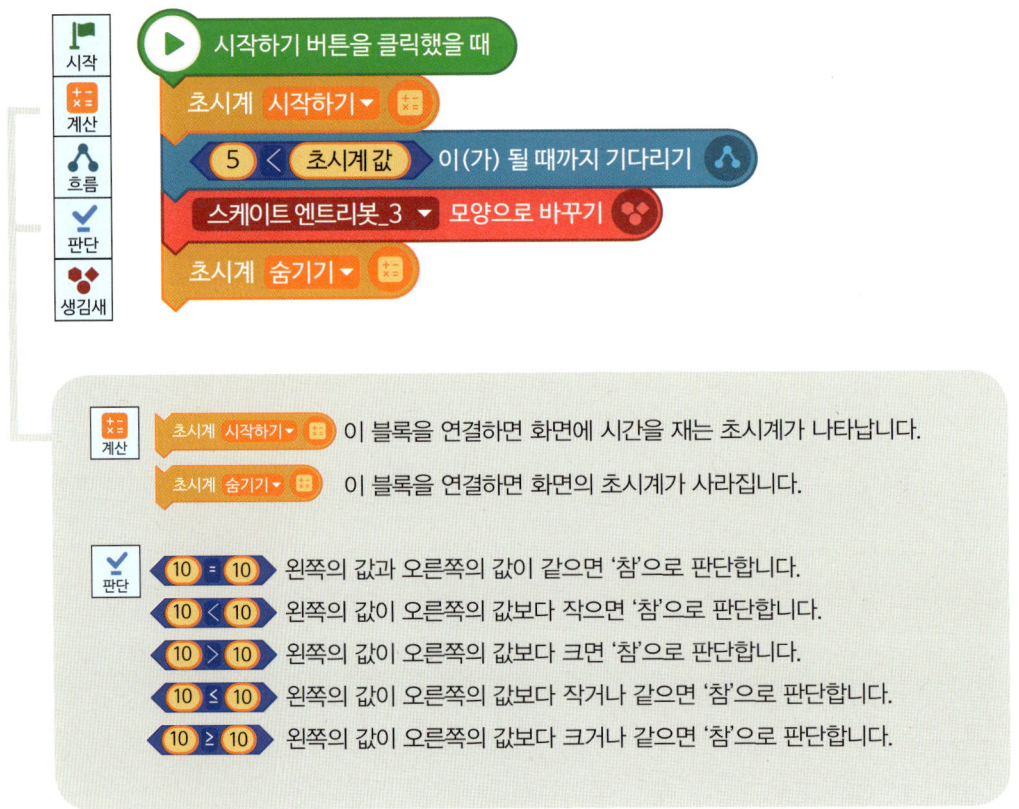

144

③ 이제 나선 모양으로 점을 찍으며 회전하도록 코드를 만들 거예요. 오브젝트 목록에서 **원**을 선택한 다음, 아래의 순서대로 **변수**를 만드세요.

❶ 자료 꾸러미에서 속성 탭을 클릭한 다음, ?변수 를 클릭합니다.
❷ 그 아래 나타나는 창에 변수 이름을 **반지름**이라고 입력하고 확인을 클릭하세요.
❸ 클릭하면 실행 화면에 반지름이 나타납니다.
❹ 블록 탭을 클릭하면 새로운 블록들이 만들어진 것을 볼 수 있습니다.

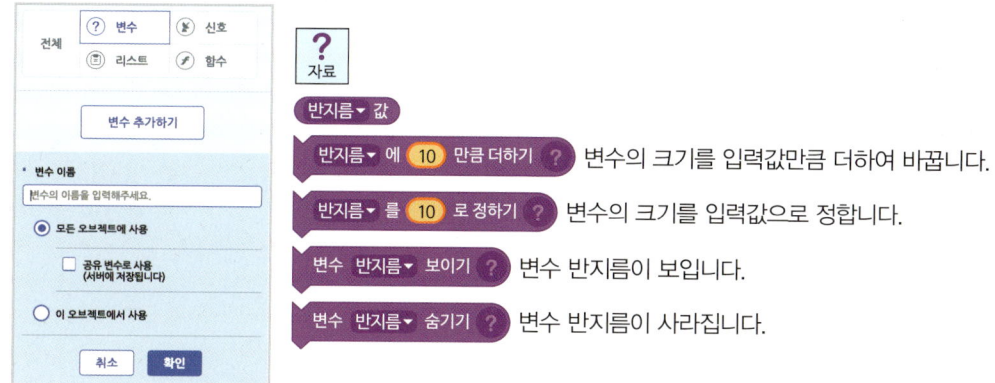

④ 아래의 순서대로 블록을 조립하고, ⬭ 에 각각 숫자를 입력합니다.

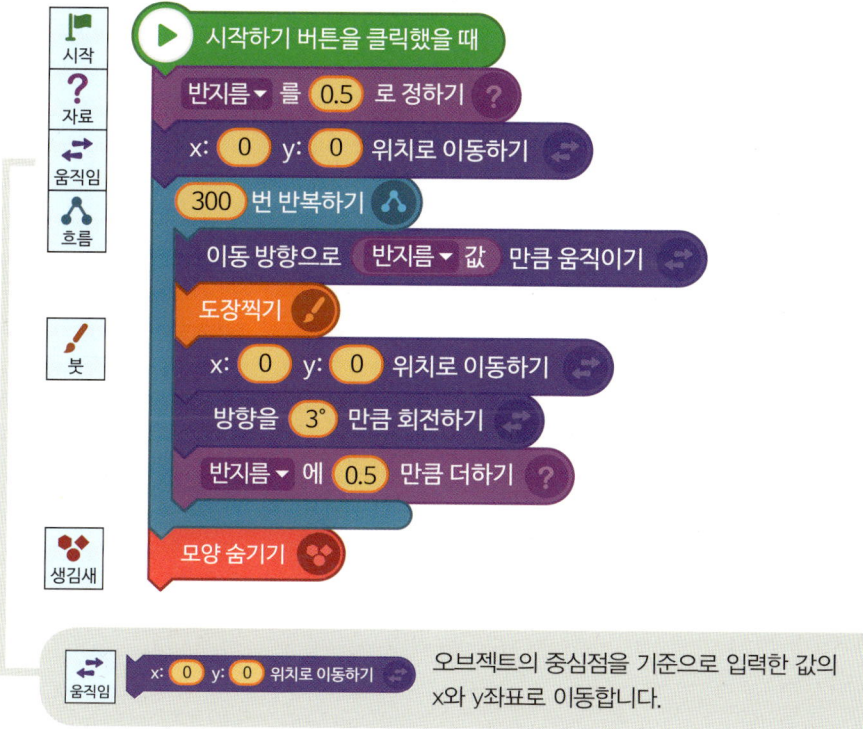

완성 ▶시작하기 를 누르고 얼음판 위에 그려진 모양을 확인해 보세요. 나선 모양이 완성된 후에 엔트리봇의 모양이 잘 바뀌는지도 확인해 보세요.

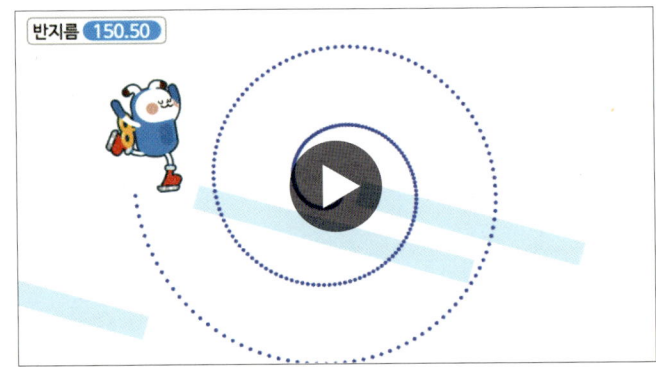

 **연습** 원 그리기와 나선 모양 그리기의 코드를 비교해 볼까요?
아래 블록의 빈칸을 채운 후 실행하여 결과를 비교해 보세요.

A 원 그리기

B 나선 모양 그리기

점의 크기를 줄이고 점을 촘촘히 찍을수록 더 자연스러운 나선 모양이 그려져!

얼음판 위에 스피로 그래프 모양을 그리도록 코딩하세요.

1 스피로 그래프는 회전 그래프라고도 합니다. 1965년 영국의 엔지니어 피셔가 발명한 도형 그리기 도구이지요. 원판 톱니바퀴 틀 속에 작은 톱니바퀴를 돌리면서 기하학적인 도형을 그릴 수 있습니다. 이제 스피로 그래프와 비슷한 모양을 그리도록 코딩해 볼까요?

bit.ly/엔트리도형편_12 에 접속하여 **코딩 2** 장면을 선택하세요. 코딩 1에서 변수를 만들었기 때문에 장면 2에도 반지름과 초시계 표시창이 똑같이 나타납니다.

2 앞에서 코딩한 정육각형 그리기를 응용하여 스피로 그래프 모양을 그려볼 거예요. 얼음판 위의 엔트리봇이 정육각형을 10개 그린 후 원위치로 돌아오도록 코딩하세요.

여기서 잠깐! 정육각형을 그리는 코드를 기억하나요?

정육각형을 그리기 위한 회전 각도는 어떻게 구했지요? 옆의 식을 통해 먼저 회전 각도를 구하세요.

반복 횟수 × 회전 각도 = 360

3 오브젝트 목록에서 **스케이트 엔트리봇 1**을 선택하고, 아래의 순서대로 블록을 조립하세요.

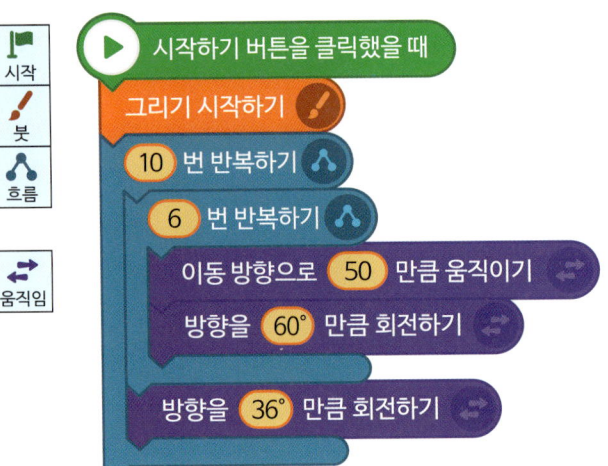

완성 ▶시작하기 를 누르고 엔트리봇이 어떻게 움직이는지 확인해 보세요. 완성된 10개의 정육각형이 스피로그래프와 비슷한가요?

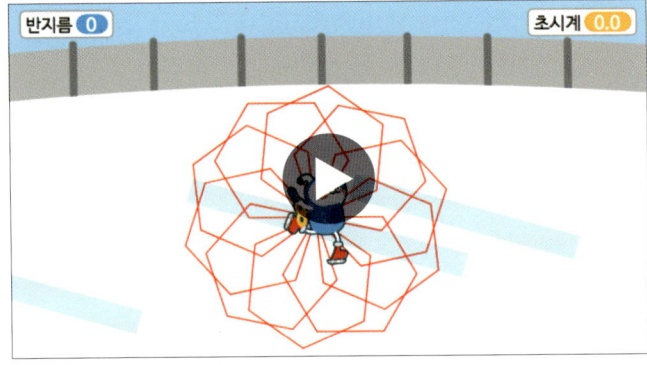

연습 아래 순서대로 블록을 조립한 다음 빈칸에 알맞은 수를 넣어 코드를 완성해 보세요.

A 정육각형 4개 그리기

B 정육각형 24개 그리기

코딩 03
다양한 스피로 그래프 모양을 그리도록 코딩하세요.

① `bit.ly/엔트리도형편_12` 에 접속하여 **코딩 3** 장면을 선택하세요.

② 오브젝트 목록에서 **스케이트 엔트리봇**을 선택하고, 아래의 A, B, C, D 코드를 차례로 조립한 다음 각각의 결과를 비교해 보세요.

A
- 시작하기 버튼을 클릭했을 때
- 그리기 시작하기
- 10 번 반복하기
  - 붓의 색을 무작위로 정하기
  - 6 번 반복하기
    - 이동 방향으로 50 만큼 움직이기
    - 방향을 60° 만큼 회전하기
  - 방향을 36° 만큼 회전하기

B
- 시작하기 버튼을 클릭했을 때
- 그리기 시작하기
- 10 번 반복하기
  - 붓의 색을 무작위로 정하기
  - 5 번 반복하기
    - 이동 방향으로 60 만큼 움직이기
    - 방향을 72° 만큼 회전하기
  - 방향을 36° 만큼 회전하기

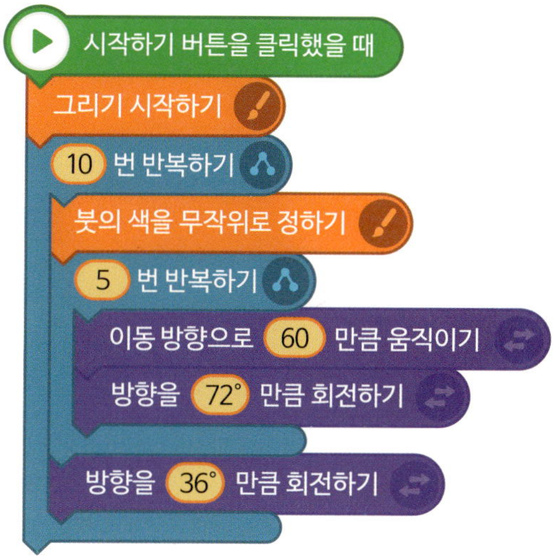

C
- 시작하기 버튼을 클릭했을 때
- 그리기 시작하기
- 10 번 반복하기
  - 붓의 색을 무작위로 정하기
  - 4 번 반복하기
    - 이동 방향으로 70 만큼 움직이기
    - 방향을 90° 만큼 회전하기
  - 방향을 36° 만큼 회전하기

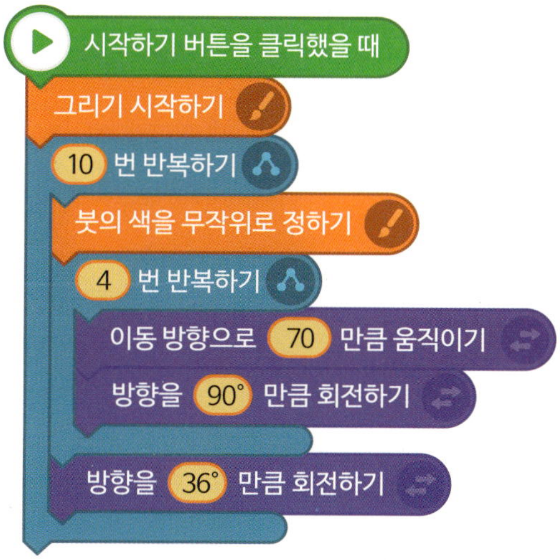

D
- 시작하기 버튼을 클릭했을 때
- 그리기 시작하기
- 12 번 반복하기
  - 붓의 색을 무작위로 정하기
  - 3 번 반복하기
    - 이동 방향으로 80 만큼 움직이기
    - 방향을 120° 만큼 회전하기
  - 방향을 30° 만큼 회전하기

▶시작하기 를 누르고 엔트리봇이 어떻게 움직이는지 확인해 보세요. 어떤 도형이 몇 번 반복되나요?

A

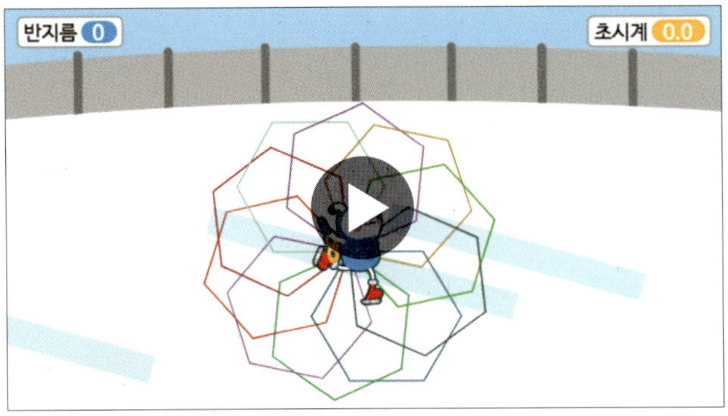

| 도형의 종류 | 반복 횟수 |

B

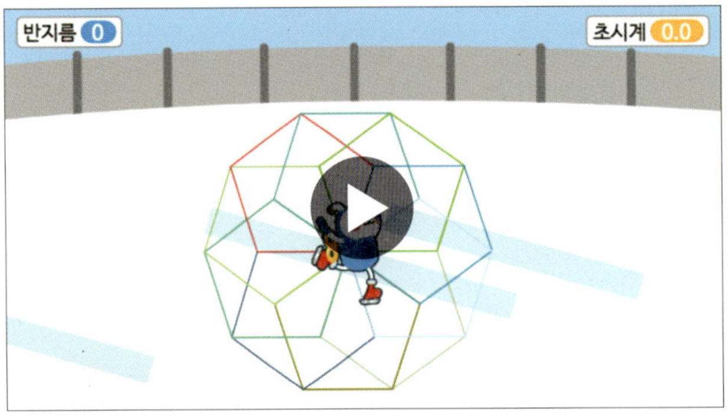

| 도형의 종류 | 반복 횟수 |

C

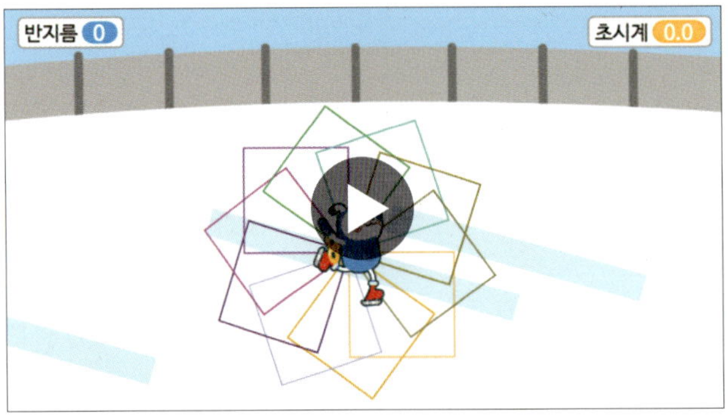

| 도형의 종류 | 반복 횟수 |

D

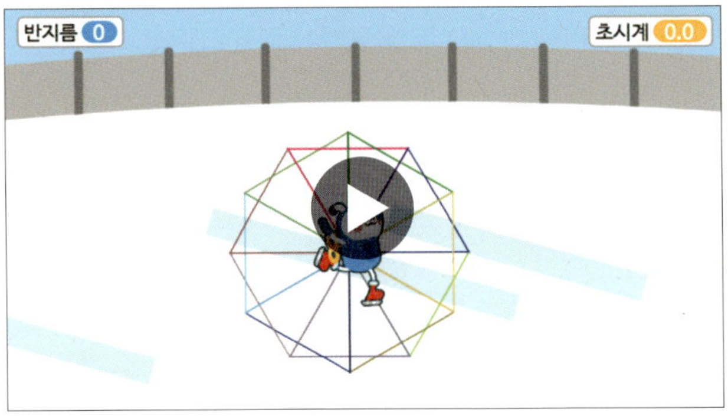

| 도형의 종류 | 반복 횟수 |

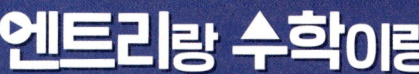

엔트리랑 수학이랑

엔트리봇이 얼음판 위에서 멋진 회전을 보여 주었네요.

코딩 1은 나선 모양의 회전이에요. 나선 모양을 자세히 관찰하면서 원 모양과 비교해 보세요.

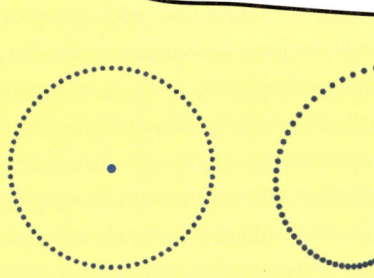

두 도형의 같은 점과 다른 점은 무엇일까요?

같아요!
중심이 있다.
돌면서 점을 찍는다.

달라요!

원
중심에서 모든 점까지의 거리(반지름)가 같다.

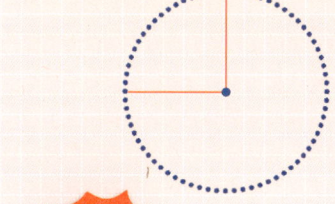

나선
중심에서 점까지의 거리가 일정한 간격으로 변한다.

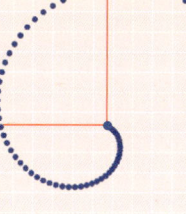

나선은 중심에서 점까지의 거리가 일정한 간격으로 변합니다.

어지러워!

원은 중심에서 모든 점까지의 거리(반지름)가 같지만

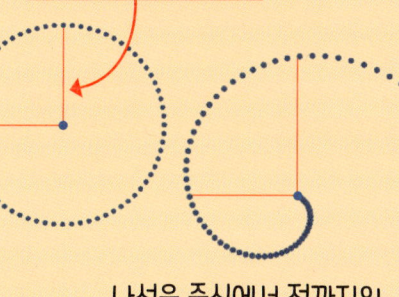

나선은 중심에서 점까지의 거리(반지름)가 변합니다.

이처럼 변하는 수가 필요할 때 어떤 기능을 활용했었는지 기억하나요?

변수 만들기!

맞아요. 참 잘했어요!

12장 엔트리봇의 피겨 스케이팅 **151**

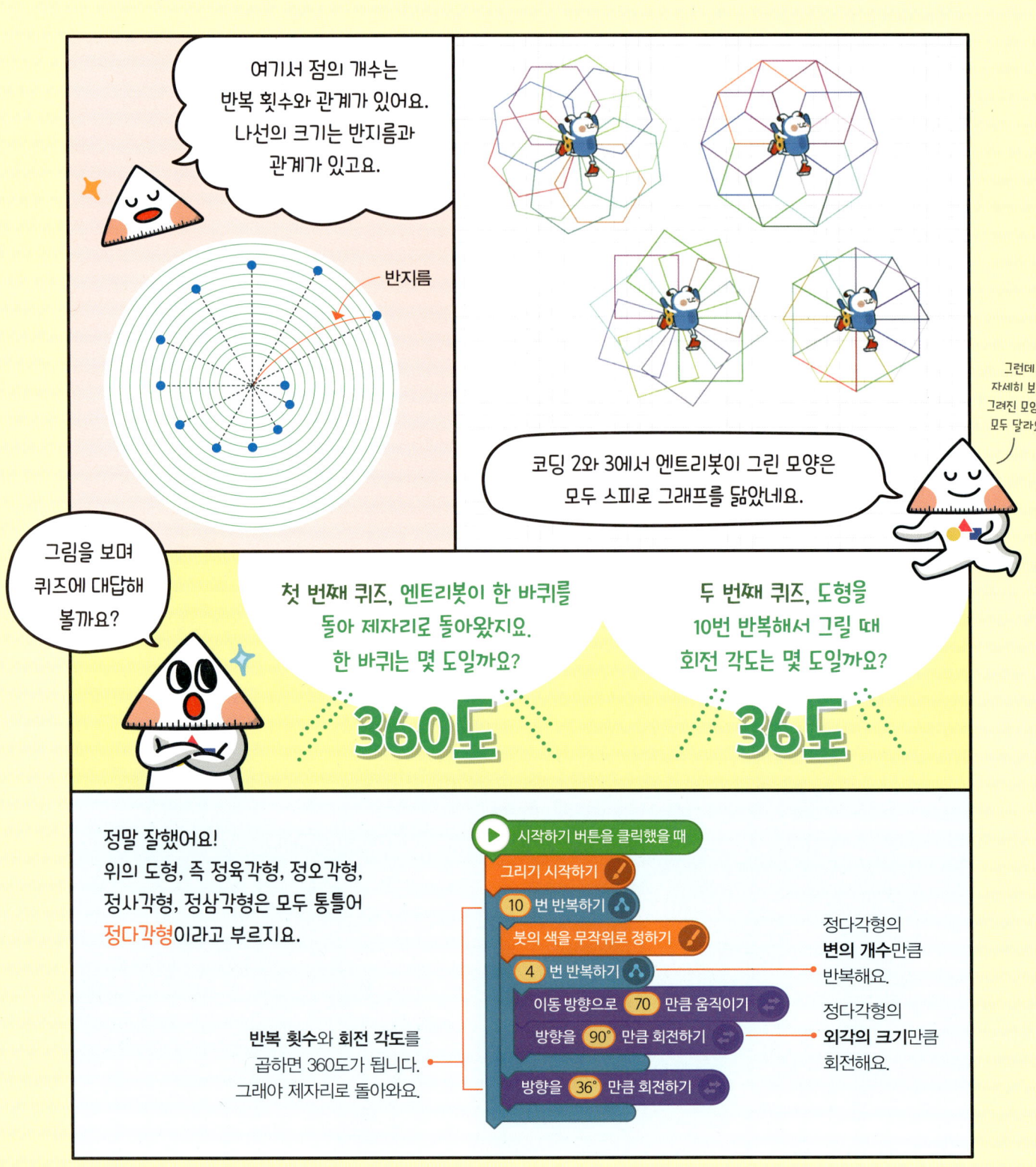

수학 코딩

1 아래 블록을 실행하면 어떤 모양이 완성될까요? 직접 그려 보세요.

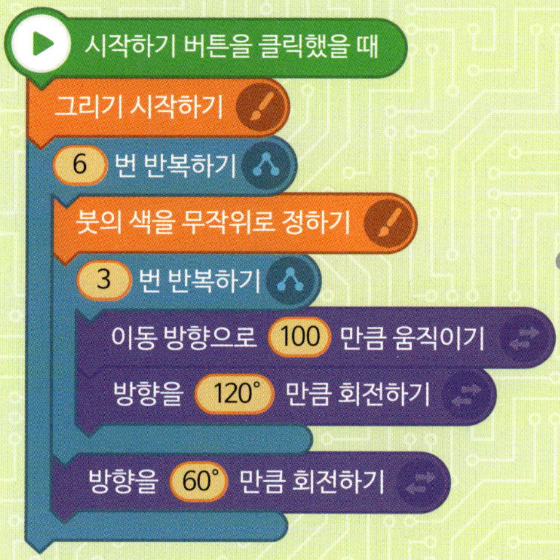

▶ 시작하기 버튼을 클릭했을 때
- 그리기 시작하기
- 6 번 반복하기
  - 붓의 색을 무작위로 정하기
  - 3 번 반복하기
    - 이동 방향으로 100 만큼 움직이기
    - 방향을 120° 만큼 회전하기
  - 방향을 60° 만큼 회전하기

2 정이십각형을 10번 회전시켜 스피로 그래프 모양으로 그리려고 해요. 아래 블록의 빈칸에 알맞은 숫자를 넣어 코드를 완성해 보세요.

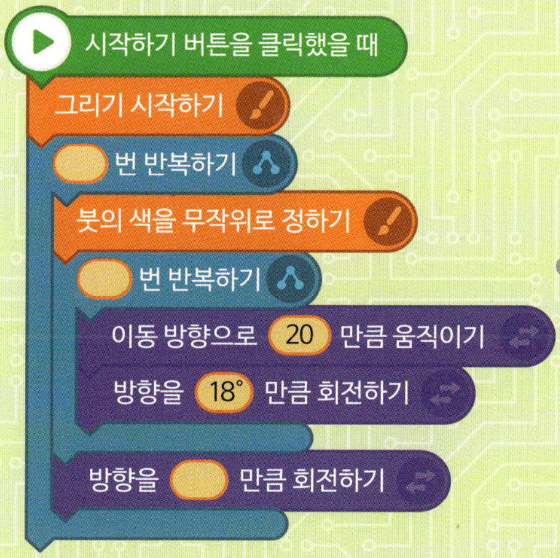

▶ 시작하기 버튼을 클릭했을 때
- 그리기 시작하기
- ◯ 번 반복하기
  - 붓의 색을 무작위로 정하기
  - ◯ 번 반복하기
    - 이동 방향으로 20 만큼 움직이기
    - 방향을 18° 만큼 회전하기
  - 방향을 ◯ 만큼 회전하기

12장 엔트리봇의 피겨 스케이팅 153

5-2 · 2단원 합동과 대칭

13
눈 오는 날 우산 그리기

함박눈이 펑펑 쏟아지고 있어요.

엔트리봇이 눈을 피하도록 우산을 그려 볼까요? 우산대를 중심으로 왼쪽과 오른쪽이 똑같은 모양이 되도록 코딩하면 돼요.

"우산대를 중심으로 왼쪽과 오른쪽은 모양이 같아."

"가운데 선을 중심으로 반으로 접으면 딱 겹치겠다!"

엔트리봇이 우산 모양을 그리도록 코딩하세요.

① bit.ly/엔트리도형편_13 에 접속하여 **코딩 1** 장면을 선택하세요.

② 오브젝트 목록에서 ×를 눌러 엔트리봇을 삭제하세요. 그다음 **+ 오브젝트 추가하기**를 클릭하고 **(2)엔트리봇**을 선택하세요. 아래의 순서대로 블록을 조립하고, ◯에 각각 숫자를 입력합니다.

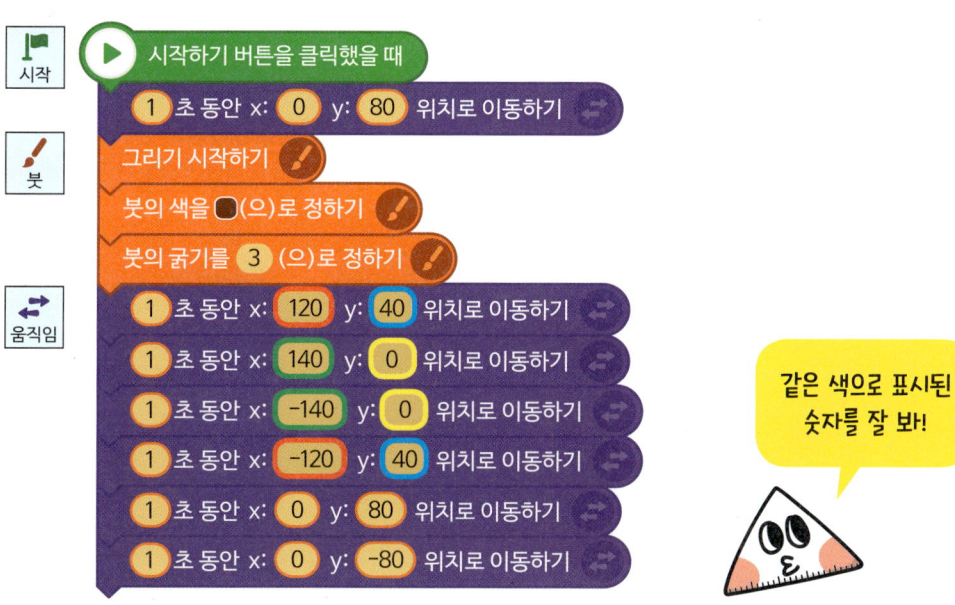

엔트리 TIP +와 -의 값에 따른 위치 차이

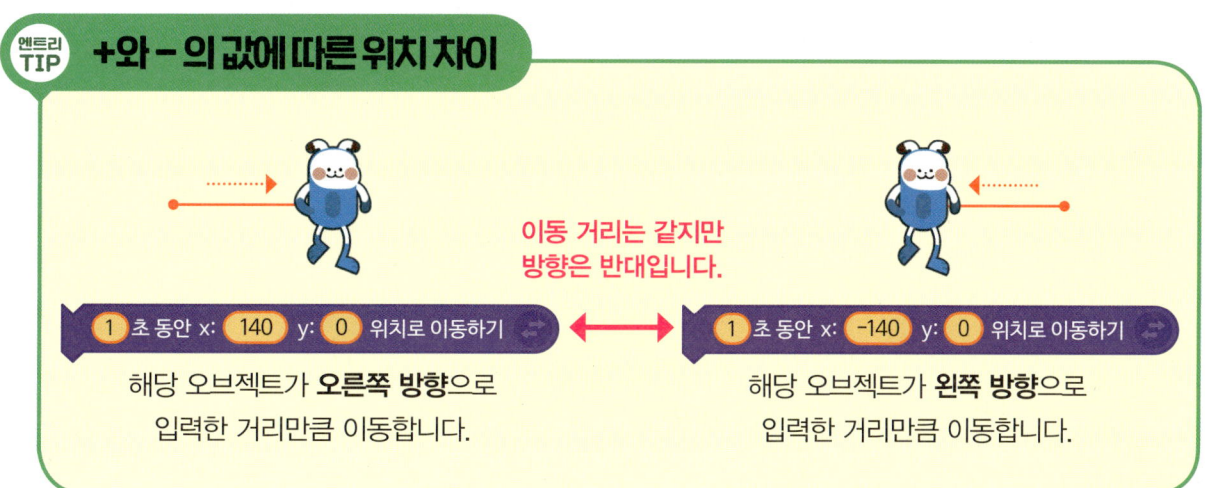

▶시작하기 를 누르고 실행 화면에 그려진 모양을 확인해 보세요.
우산대를 중심으로 왼쪽과 오른쪽이 똑같이 그려졌나요?

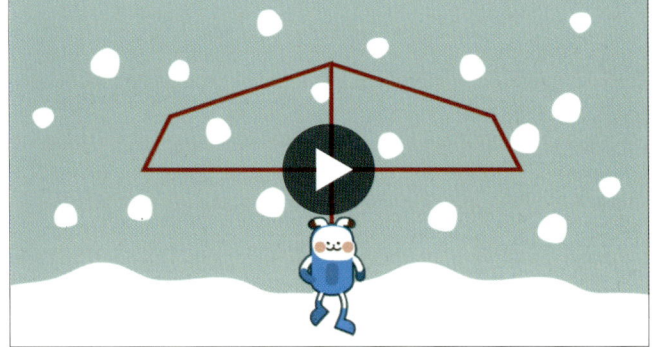

 다양한 모양과 색의 우산을 그리도록 코딩해 볼까요?
A와 B의 코드를 완성하여 실행해 보세요. 두 개의 우산 모양은 어떻게 다른가요?

코딩 02
종이를 반으로 접었을 때 겹치는 도형을 그리도록 코딩하세요.

① bit.ly/엔트리수학편_13 에 접속하여 **코딩 2** 장면을 선택하세요.

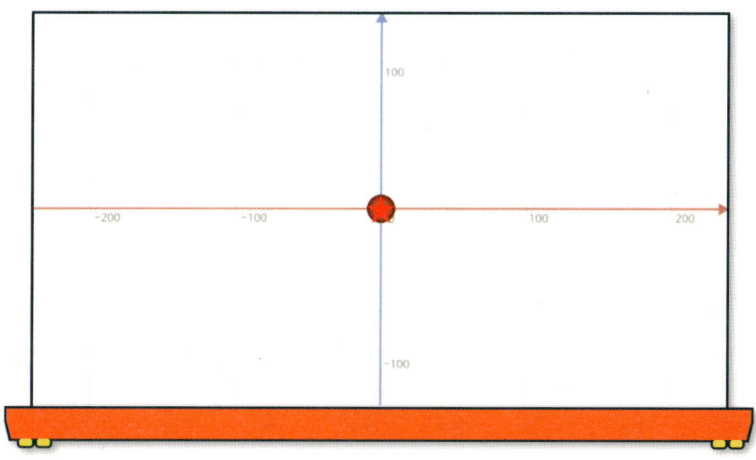

② 반으로 접었을 때 겹치는 도형을 그리려면 왼쪽과 오른쪽의 모양이 똑같아야 해요.
동그라미 버튼과 기본별 오브젝트를 동시에 움직이도록 코딩할 거예요.
먼저 오브젝트 목록에서 **기본별**을 선택하세요. 아래의 순서대로 블록을 조립하고,
에 각각 숫자를 입력합니다.

- 시작하기 버튼을 클릭했을 때
- x: 0 y: 80 위치로 이동하기
- 그리기 시작하기
- 1 초 동안 x: 120 y: 40 위치로 이동하기
- 1 초 동안 x: 140 y: -40 위치로 이동하기
- 1 초 동안 x: 0 y: -60 위치로 이동하기

3 오브젝트 목록에서 **동그란 버튼**을 선택하세요. 아래의 순서대로 블록을 조립하고, ⬤에 각각 숫자를 입력합니다.

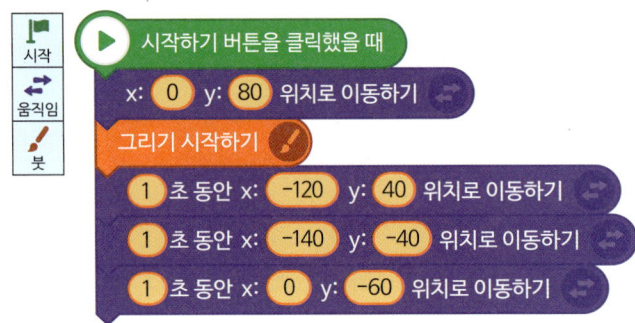

완성 ▶시작하기 를 누르고 실행 화면에 그려진 모양을 확인해 보세요. 반으로 접으면 겹치는 도형이 그려졌나요?

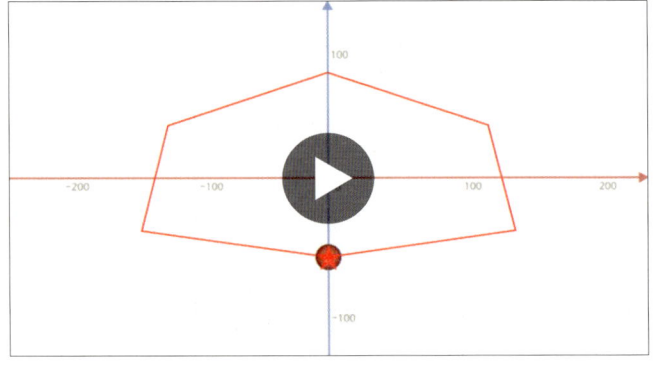

연습 오브젝트 목록에서 **기본별**은 삭제한 뒤, **동그란 버튼**을 선택하세요. 오른쪽의 코드대로 블록을 조립하고, 실행해 봅니다. 실행할 때마다 도형을 그리는 선의 색이 달라지나요?

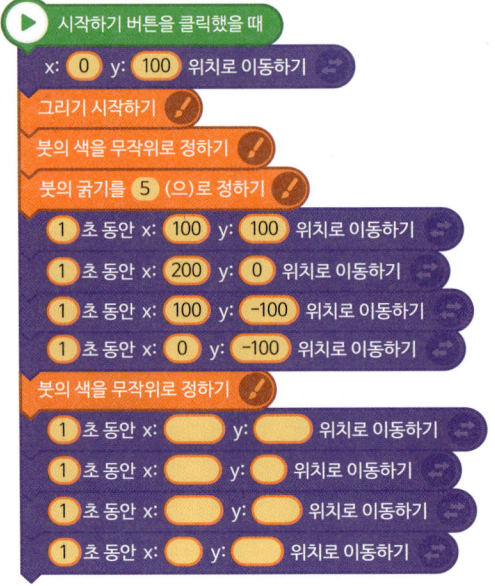

158

코딩 03
180도 돌렸을 때 겹치는 도형을 그리도록 코딩하세요.

① bit.ly/엔트리도형편_13 에 접속하여 **코딩 3** 장면을 선택하세요.

② 오브젝트 목록에서 **동그란 버튼**을 선택하세요. 아래의 순서대로 블록을 조립하고, ◯에 각각 숫자를 입력합니다.

```
시작하기 버튼을 클릭했을 때
x: 0 y: 60 위치로 이동하기
그리기 시작하기
1 초 동안 x: 140 y: 60 위치로 이동하기
1 초 동안 x: 100 y: 0 위치로 이동하기
1 초 동안 x: 100 y: -80 위치로 이동하기
1 초 동안 x: 0 y: -60 위치로 이동하기
1 초 동안 x: -140 y: -60 위치로 이동하기
1 초 동안 x: -100 y: 0 위치로 이동하기
1 초 동안 x: -100 y: 80 위치로 이동하기
1 초 동안 x: 0 y: 60 위치로 이동하기
```

완성 ▶시작하기 를 누르고 실행 화면에 그려진 모양을 확인해 보세요.
(0, 0)을 중심으로 한쪽을 180도 돌렸을 때 다른 쪽과 겹치는 도형이 그려졌나요?

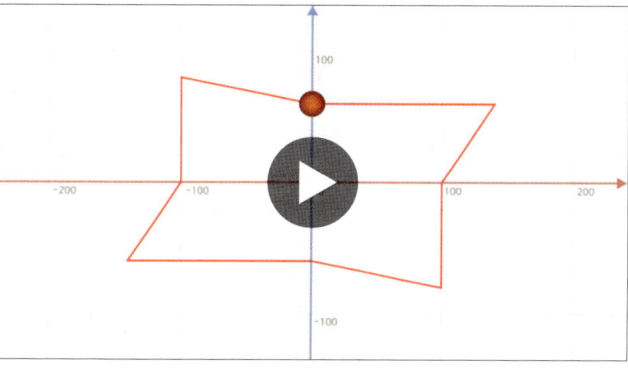

엔트리랑 수학이랑

우리 주변에는 모양과 크기가 똑같은 물건들이 많아요. 우리가 쓰는 공책이나 교과서가 그렇죠.

한 직선을 중심으로 좌우가 똑같아 완전히 겹쳐지는 모양을 가진 것들도 쉽게 찾아 볼 수 있어요.

부채, 나비, 팽이 등등

우리가 직접 그려 볼까요? 색종이를 반으로 접은 다음, 한쪽 면에 원하는 모양을 그려 보세요.

그렇게 접힌 상태에서 그린 모양대로 오린 다음 펴 보세요. 어떤 모양이 완성되었나요?

우리가 코딩한 도형도 가운데 선을 중심으로 접으면 똑같이 겹쳐집니다. 이때 가운데의 중심선을 **대칭축**이라고 하고, 같은 거리, 반대 위치에 있는 점들을 **대응점**이라고 해요.

대칭축

점 ㄱ의 대응점은 점 ㄷ이고 점 ㄴ의 대응점은 점 ㄹ이에요.

점 ㄱ의 대응점은 점 ㄷ이고
점 ㄴ의 대응점은 점 ㄹ이에요.
대칭축을 중심으로 이동 거리는 같지만
위치는 오른쪽은 +, 왼쪽은 -랍니다.

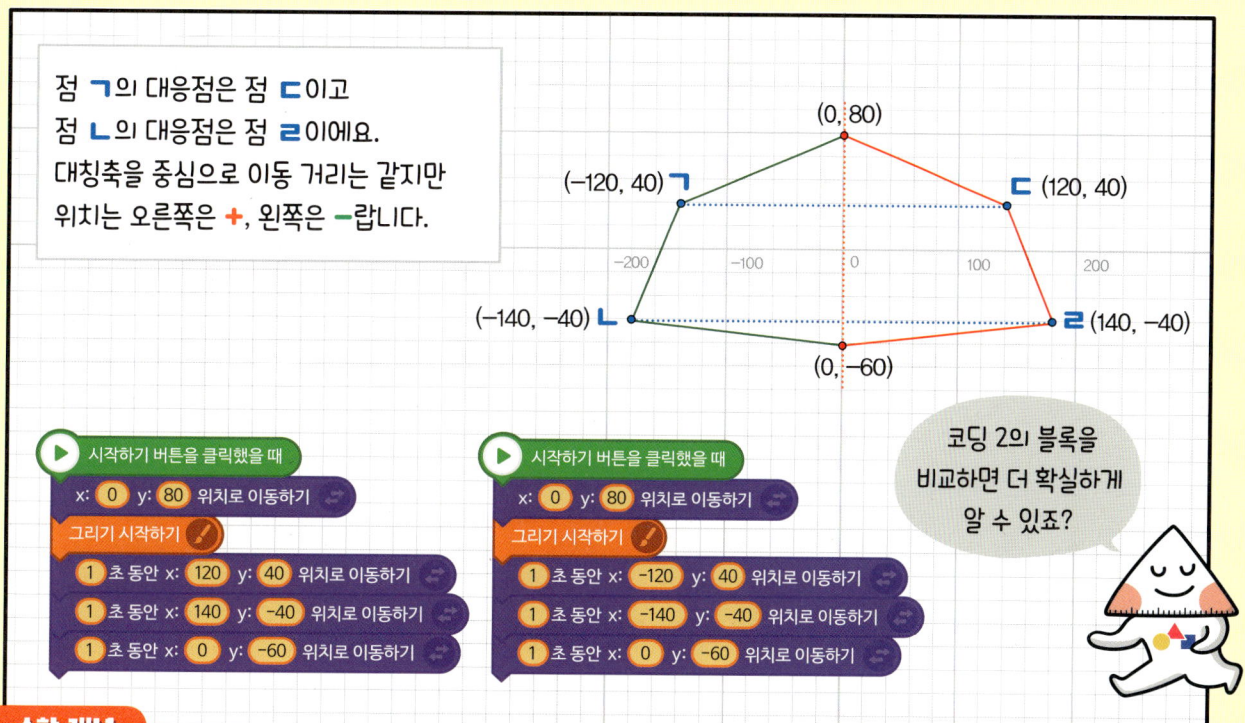

코딩 2의 블록을 비교하면 더 확실하게 알 수 있죠?

수학 개념

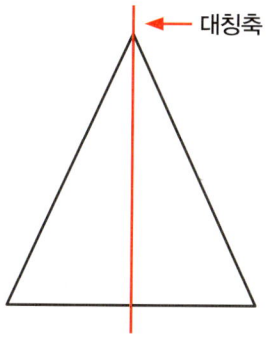
← 대칭축

선대칭 도형

한 직선을 따라 접어서 완전히 겹쳐지는 도형을 **선대칭 도형**이라고 합니다. 이때 그 직선을 **대칭축**이라고 합니다.

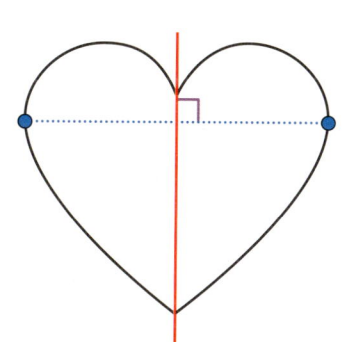

선대칭 도형의 특징은 무엇일까요?
접었을 때 겹쳐지는 점(대응점)끼리
선분으로 이으면 접는 선(대칭축)과
수직(직각)으로 만납니다.

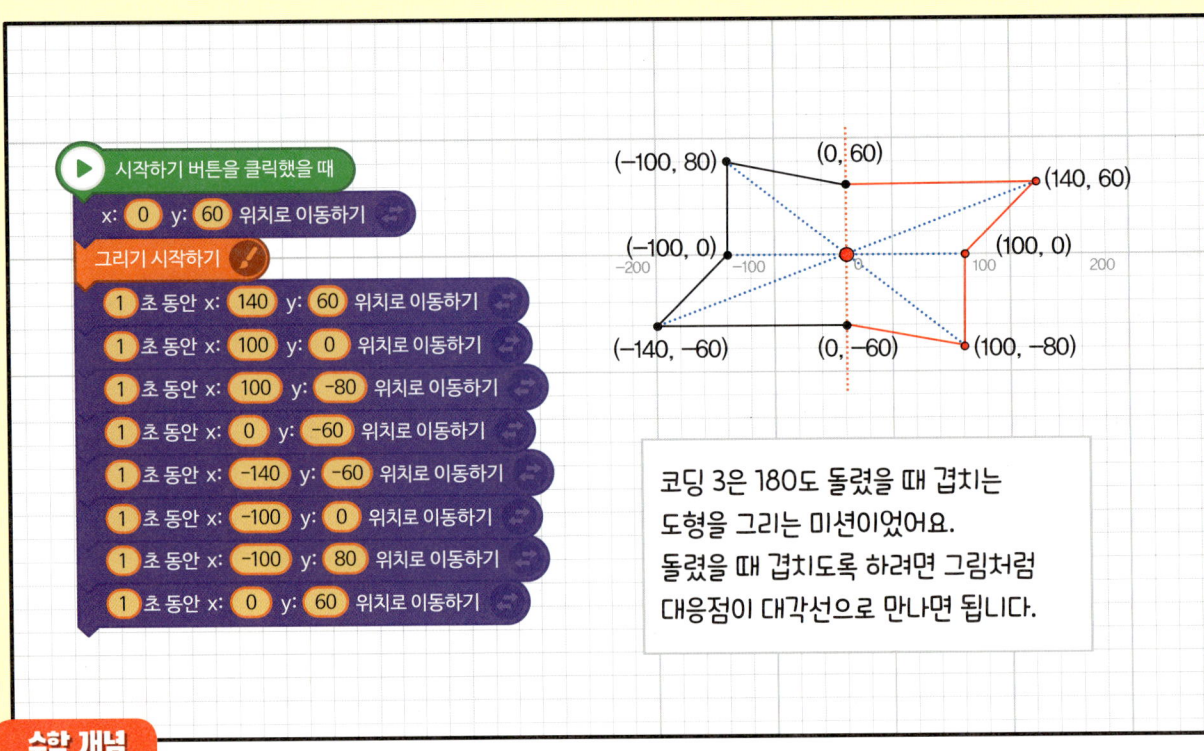

코딩 3은 180도 돌렸을 때 겹치는 도형을 그리는 미션이었어요.
돌렸을 때 겹치도록 하려면 그림처럼 대응점이 대각선으로 만나면 됩니다.

수학 개념

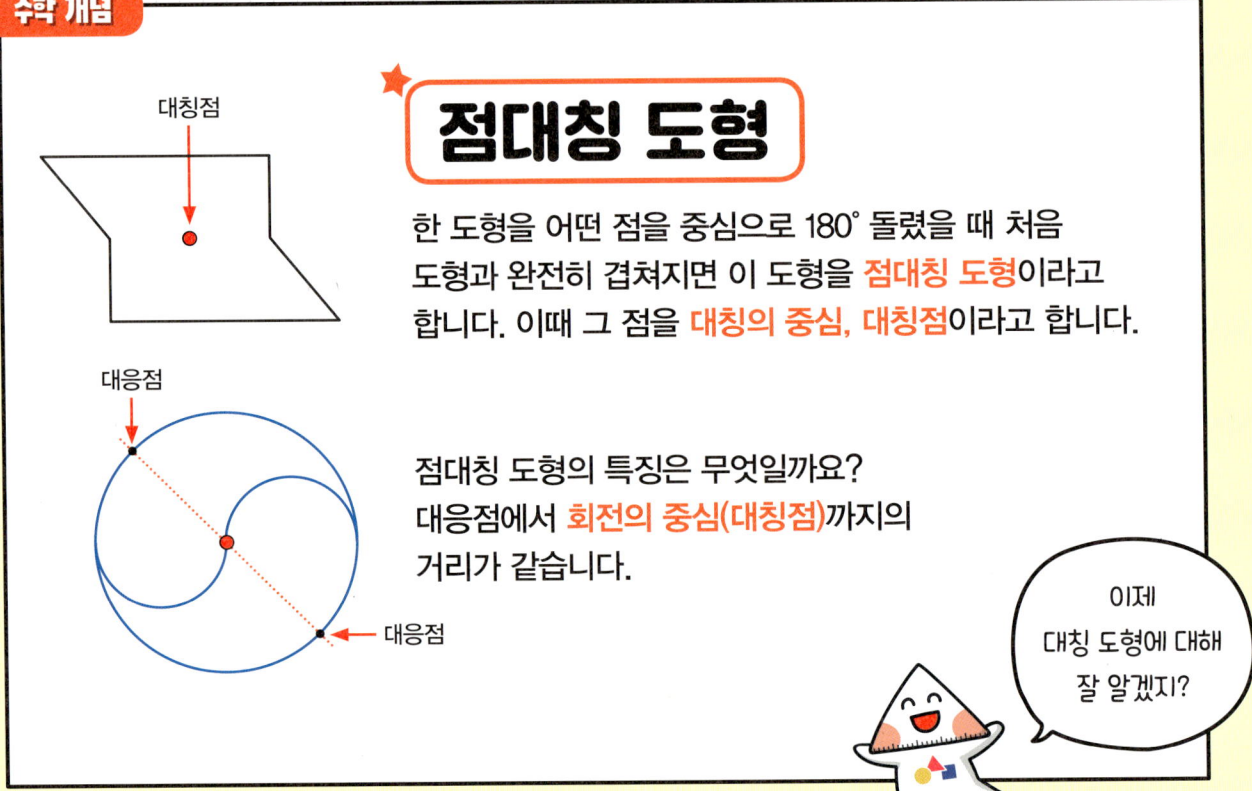

점대칭 도형

한 도형을 어떤 점을 중심으로 180° 돌렸을 때 처음 도형과 완전히 겹쳐지면 이 도형을 **점대칭 도형**이라고 합니다. 이때 그 점을 **대칭의 중심, 대칭점**이라고 합니다.

점대칭 도형의 특징은 무엇일까요?
대응점에서 **회전의 중심(대칭점)**까지의 거리가 같습니다.

이제 대칭 도형에 대해 잘 알겠지?

수학 코딩

1 아래 블록을 실행하면 어떤 모양이 완성될까요?
오른쪽 모눈종이에 나머지 부분을 직접 그려 보세요.

```
시작하기 버튼을 클릭했을 때
x: 0  y: 100  위치로 이동하기
그리기 시작하기
0.5 초 동안 x: 100  y: 60   위치로 이동하기
0.5 초 동안 x: 50   y: 30   위치로 이동하기
0.5 초 동안 x: 100  y: 0    위치로 이동하기
0.5 초 동안 x: 50   y: -30  위치로 이동하기
0.5 초 동안 x: 100  y: -60  위치로 이동하기
0.5 초 동안 x: 0    y: -100 위치로 이동하기
0.5 초 동안 x: -100 y: -60  위치로 이동하기
0.5 초 동안 x: -50  y: -30  위치로 이동하기
0.5 초 동안 x: -100 y: 0    위치로 이동하기
0.5 초 동안 x: -50  y: 30   위치로 이동하기
0.5 초 동안 x: -100 y: 60   위치로 이동하기
0.5 초 동안 x: 0    y: 100  위치로 이동하기
```

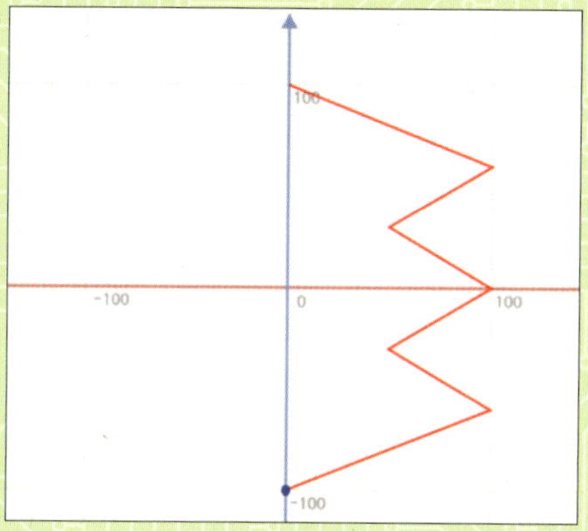

2 왼쪽과 같은 점대칭 도형을 그리도록 코드를 완성해 보세요.

```
시작하기 버튼을 클릭했을 때
x: 0  y: 100  위치로 이동하기
그리기 시작하기
0.5 초 동안 x: 100  y: ◯    위치로 이동하기
0.5 초 동안 x: 100  y: 0    위치로 이동하기
0.5 초 동안 x: 50   y: ◯    위치로 이동하기
0.5 초 동안 x: 50   y: 100  위치로 이동하기
0.5 초 동안 x: 0    y: ◯    위치로 이동하기
0.5 초 동안 x: -100 y: -100 위치로 이동하기
0.5 초 동안 x: ◯    y: 0    위치로 이동하기
0.5 초 동안 x: ◯    y: 50   위치로 이동하기
0.5 초 동안 x: ◯    y: 100  위치로 이동하기
0.5 초 동안 x: 0    y: 100  위치로 이동하기
```

13장 눈 오는 날 우산 그리기

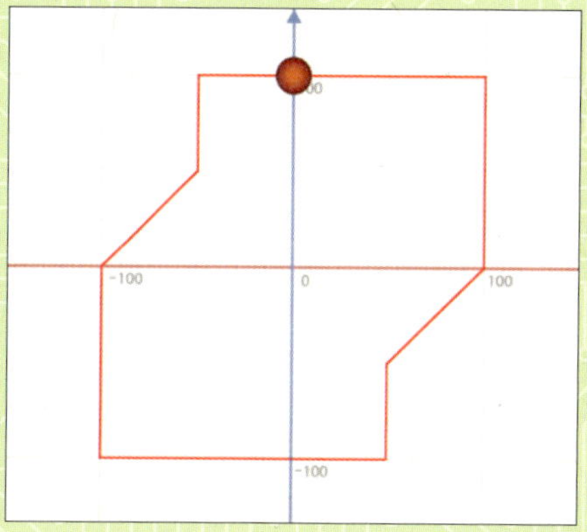

중등 수학 좌표

14

벽에 액자 걸기

비어 있는 벽면에 액자를 걸려고 해요.
원하는 위치에 원하는 크기와 색깔로 액자를 그려 볼까요?
엔트리봇이 액자를 그리도록 코딩해 보세요.

코딩 01
엔트리봇이 네모 모양의 액자를 그리도록 코딩하세요.

① bit.ly/엔트리도형편_14 에 접속하여 **코딩 1** 장면을 선택하세요.

② 오브젝트 목록에서 **엔트리봇**을 선택하세요. 실행 화면의 **모눈종이** 버튼을 클릭하여 화면에 좌표가 나오도록 설정하세요. 그다음 아래의 순서대로 블록을 조립하고, ◯ 에 각각 숫자를 입력합니다.

완성 ▶시작하기 를 누르고 실행 화면의 모눈종이 위치값을 보며 그려진 모양을 확인해 보세요. 지정한 위치에 액자가 그려지나요?
잘 그려진다면 다시 모눈종이 버튼을 클릭하여 모눈종이를 없애고 실행시켜 보세요.

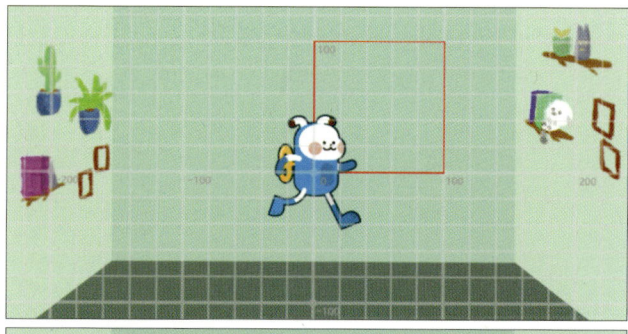

3 이번에는 선의 굵기와 색깔을 바꿔 액자를 그려 볼까요? 오브젝트 목록에서 **엔트리봇**을 선택한 다음, 아래의 순서대로 블록을 조립하고 ◯에 각각 숫자를 입력합니다.

완성 시작하기 를 누르고 실행 화면에 그려진 모양을 확인해 보세요. 지정한 위치에 액자가 그려지나요?

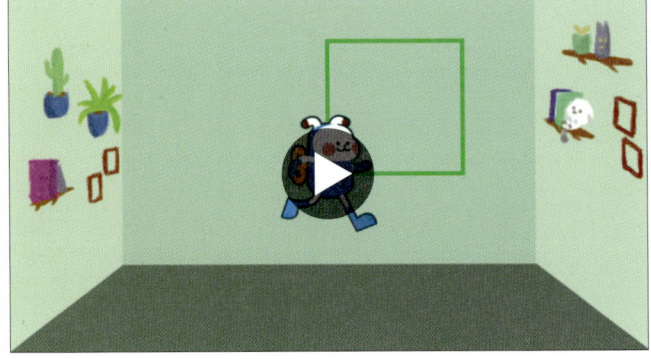

 다양한 크기와 색깔의 액자를 그리도록 코딩해 볼까요?
A와 B의 조건에 맞는 코드를 완성하여 실행해 보세요.

A 가로 50, 세로 50, 선 굵기 5인 노란색 액자
B 가로 100, 세로 50, 선 굵기 5, 색깔은 무작위인 액자

코딩 02
다양한 방법으로 네모 모양의 액자를 그리도록 코딩하세요.

① bit.ly/엔트리도형편_14 에 접속하여 **코딩 2** 장면을 선택하세요.

② 오브젝트 목록에서 **엔트리봇**을 선택하세요. 아래의 순서대로 블록을 조립하고, ◯에 각각 숫자를 입력합니다.

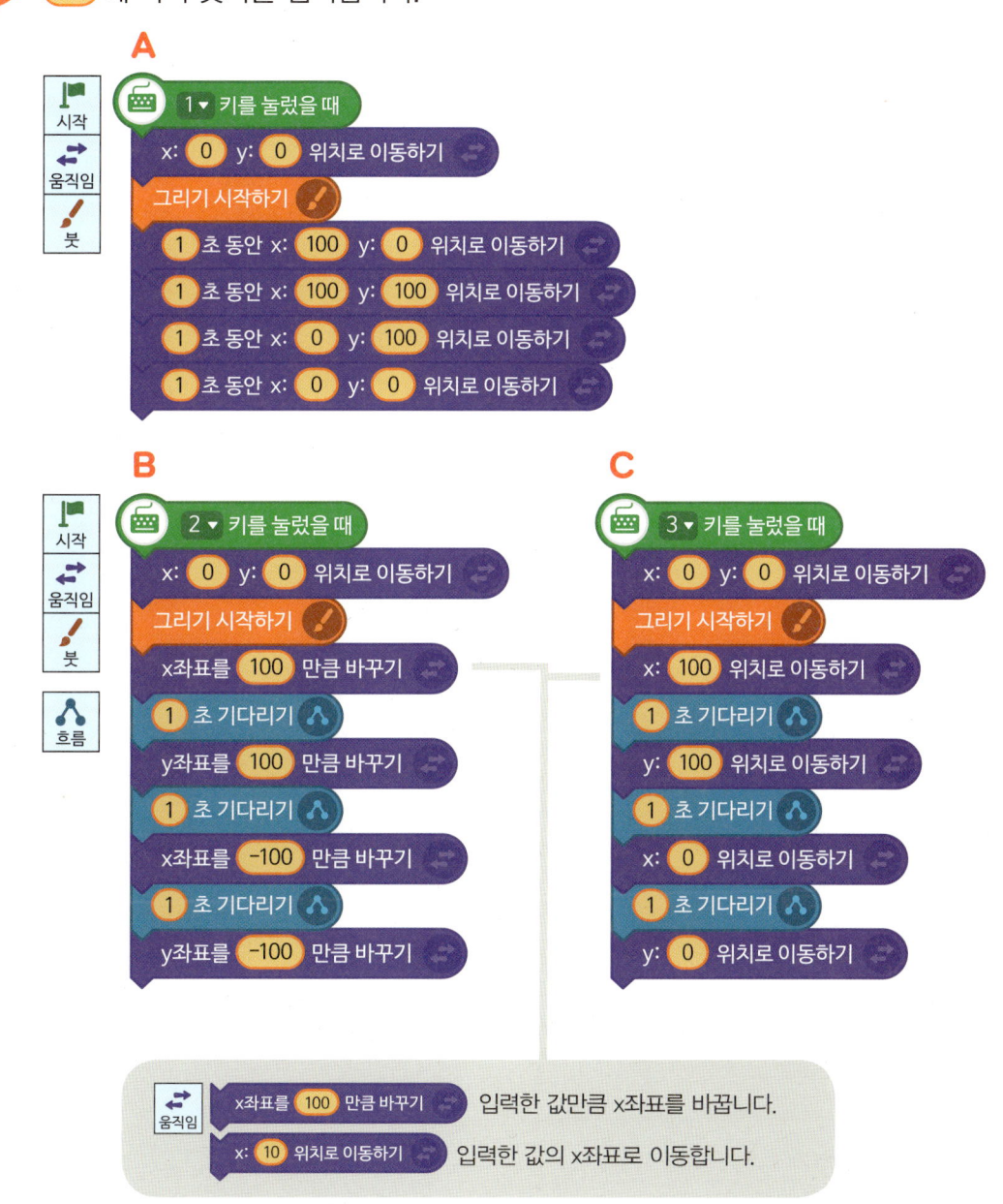

엔트리 TIP 좌표

모눈종이를 이용하면 **좌표값**을 통해 오브젝트의 위치를 정확히 알 수 있습니다. 오브젝트의 위치는 이미지의 크기와 상관없이 **중심점**이 기준이 됩니다.

실행 화면의 중앙(0, 0)을 중심으로, 가로 방향으로 -240~240, 세로 방향으로 -135~135로 이루어져 있습니다.

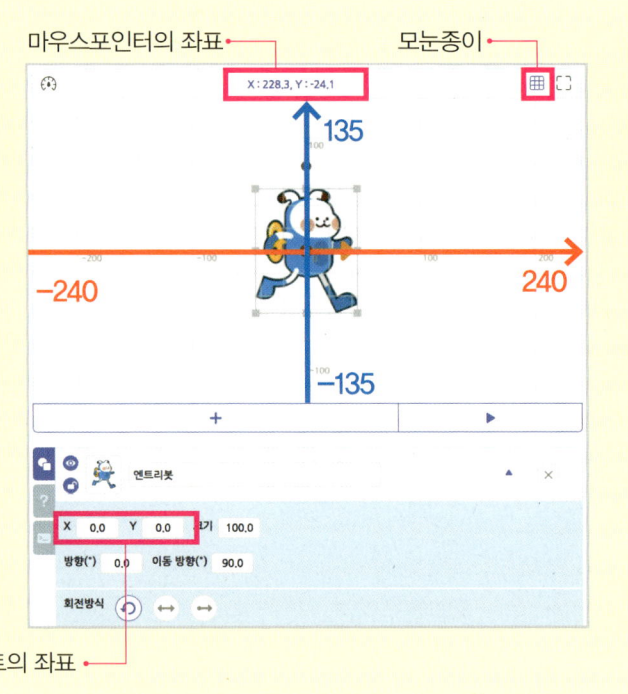

 ▶시작하기 를 누르고 각 코드에 맞게 저장된 숫자 키를 눌러 그려진 모양을 확인해 보세요.

한 가지 결과도 다양하게 코딩할 수 있다고!

코딩 03

엔트리봇이 원하는 위치에 액자를 걸도록 코딩하세요.

① bit.ly/엔트리도형편_14 에 접속하여 **코딩 3** 장면을 선택하세요.

② 오브젝트 목록에서 **엔트리봇**을 선택하세요. 아래의 순서대로 블록을 조립하고, ⬤ 에 각각 숫자를 입력합니다. 액자의 크기를 숫자로 입력하면 엔트리봇이 액자를 걸 위치에 사각형을 그려주는 코드입니다. **속성** 탭을 클릭하여 **그리기**와 **액자 걸기** 신호를 추가하세요.

14장 벽에 액자 걸기 169

③ 오브젝트 목록에서 **액자**를 선택하세요. 아래의 순서대로 블록을 조립하고, ◯에 각각 숫자를 입력합니다. 액자 걸기 신호를 받으면 액자의 크기가 원하는 크기대로 변합니다.

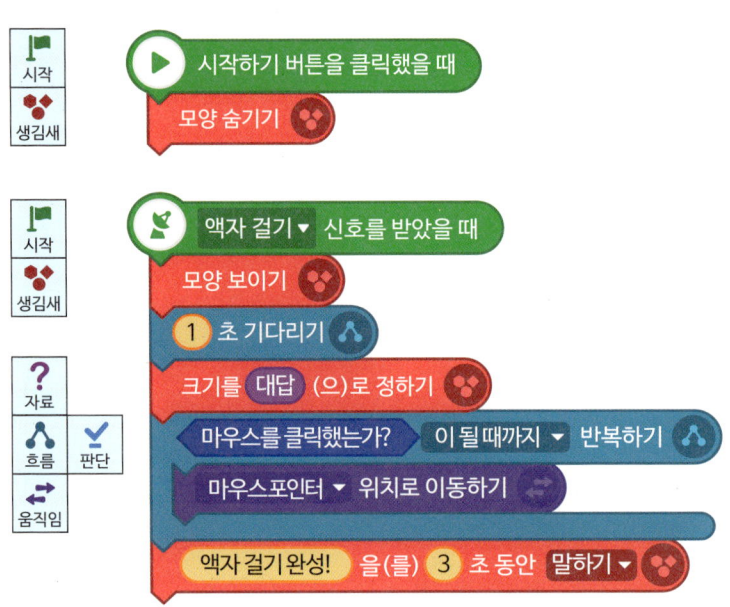

완성 ▶시작하기 를 누르고 빈칸에 원하는 액자 크기 값을 입력하고 엔터키를 누르세요. 그러면 엔트리봇이 액자가 걸릴 위치에 사각형을 그려줍니다. 그다음 액자를 사각형 안에 클릭하면 완성!

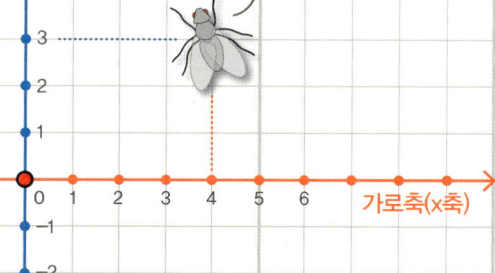

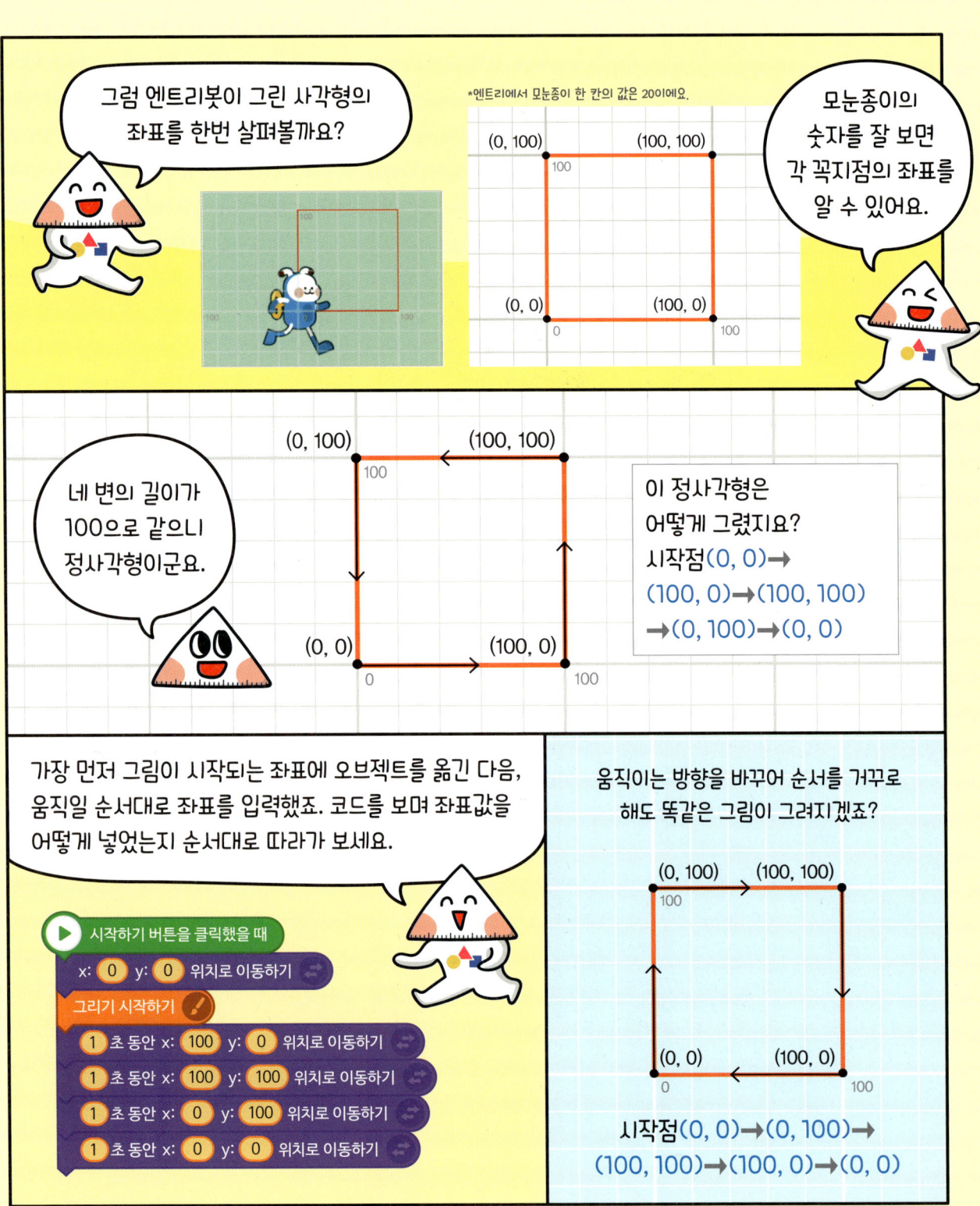

수학 개념

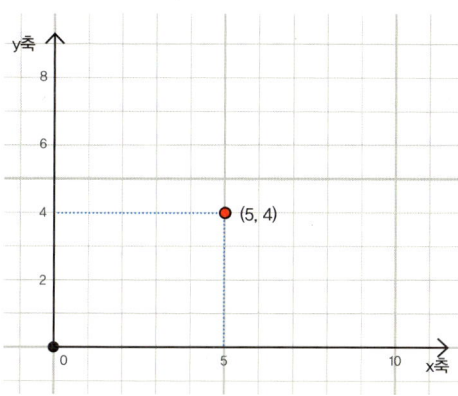

좌표평면

x축과 y축, 2개의 축으로 이루어진 평면을 **좌표평면**이라고 합니다. 좌표평면 위의 각 점은 두 수의 **순서쌍(좌표)** 으로 나타낼 수 있습니다. 좌표평면에서 기준이 되는 점 즉, x축과 y축이 만나는 점을 **원점(0, 0)** 이라고 합니다.

수학 코딩

1 엔트리봇이 오른쪽과 같은 도형을 그리도록 코드를 완성해 보세요.

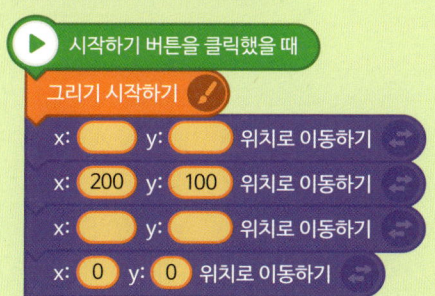

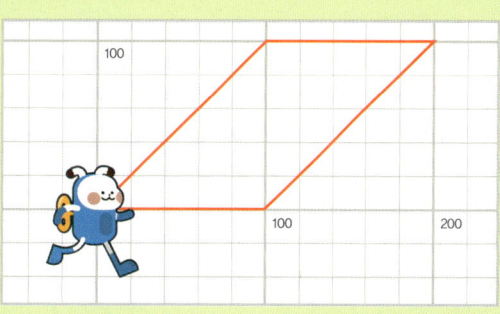

2 왼쪽의 코드를 실행하면 어떤 모양이 그려질까요? 직접 그려 보세요.

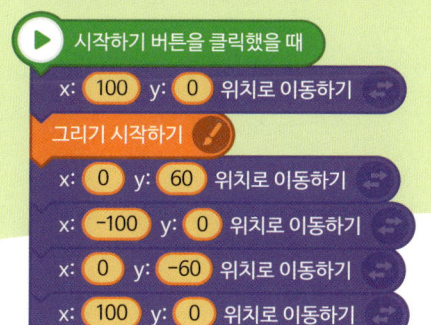

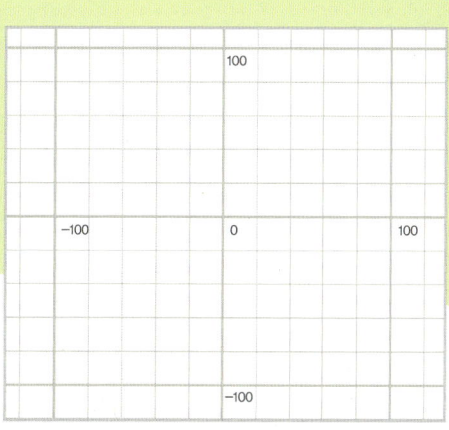

6-2 · 6단원 여러 가지 문제

스트링 아트 & 오륜기 그리기

곡선을 사용하지 않고 직선만을 이용하여 여러 가지 모양을 만들어 내는 것을 스트링 아트라고 해요. 이때 직선이 만나는 점이 많을수록 더 곡선처럼 보이지요. 모눈종이 위에 스트링 아트를 활용하여 다양한 모양을 코딩해 보세요.

스트링 아트는 레이저 쇼를 할 때도 흔히 볼 수 있어!

좌표값을 이용해서 신기한 모양을 그리도록 코딩해 줘!

스트링 아트를 활용한 그림을 그리도록 코딩하세요.

① bit.ly/엔트리도형편_15 에 접속하여 **코딩 1** 장면을 선택하세요.

② 오브젝트 목록에서 **연필**을 선택하세요. 실행 화면의 **모눈종이** 버튼을 클릭하여 화면에 좌표가 나오도록 설정하세요. 그다음 아래의 순서대로 블록을 조립하고, ◯ 에 각각 숫자를 입력합니다.

'그리기 시작하기'와 '그리기 멈추기' 블록을 적절하게 사용해서 필요한 선만 그리도록 해. 하나의 선분을 그리고 다음 선분을 그리기 위해 이동할 때 흔적을 남기지 않아야 돼.

③ ▶시작하기 를 누르고 실행 화면에 그려진 모양을 확인해 보세요.

④ 완성된 코드가 무척 길지요? 코드를 자세히 보면 일정한 규칙을 발견할 수 있어요. 코드의 규칙을 분석한 후 블록의 수를 줄여 볼까요?

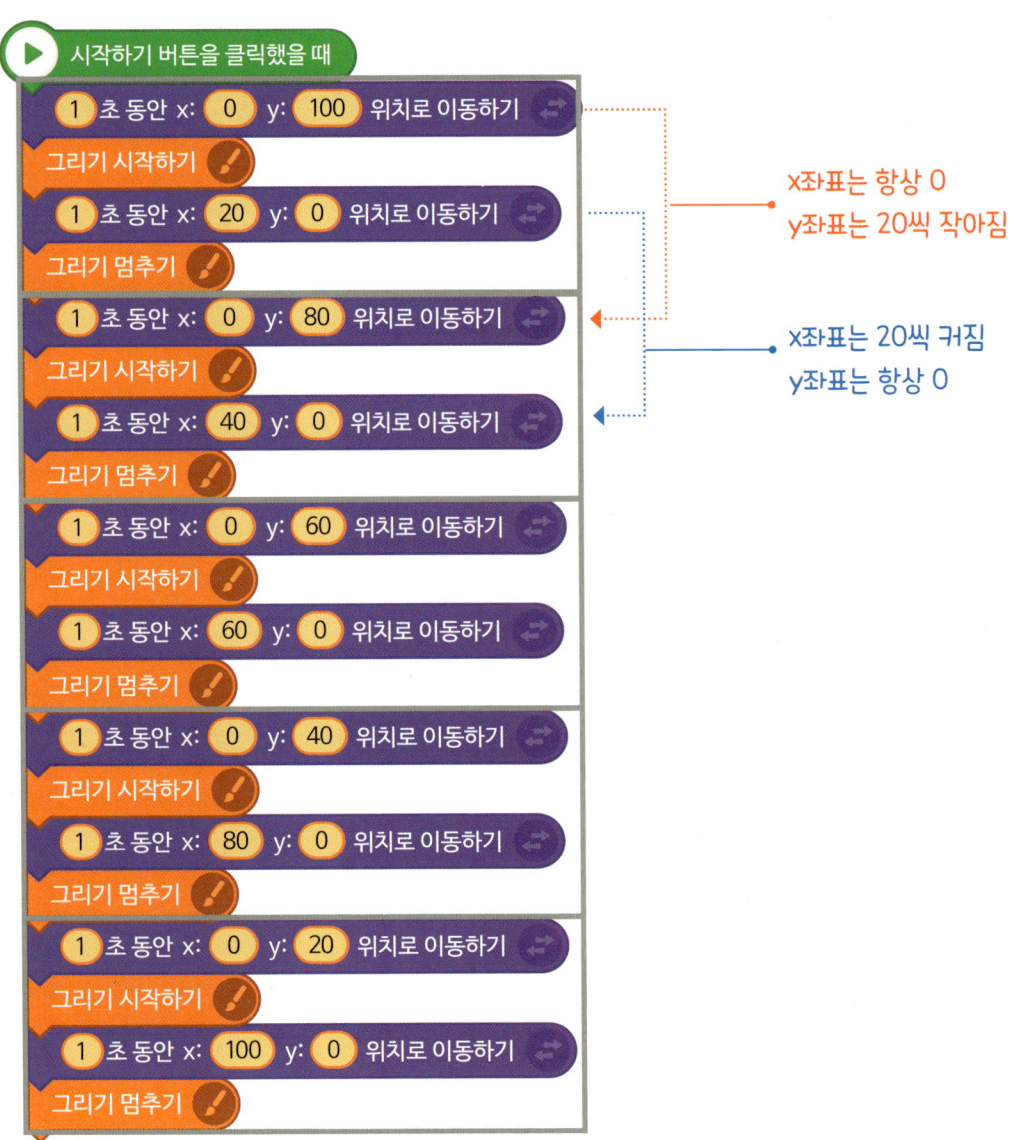

x좌표는 항상 0
y좌표는 20씩 작아짐

x좌표는 20씩 커짐
y좌표는 항상 0

⑤ 규칙을 살펴 보면 루프와 변수를 이용하여 블록의 수를 줄일 수 있어요. **자료** 꾸러미의 변수 만들기 를 클릭하고 그 아래에 나타나는 창에 x, y를 각각 입력하여 변수 2개를 만듭니다. 그다음 아래의 순서대로 블록을 조립하고, ◯ 에 각각 숫자를 입력합니다.

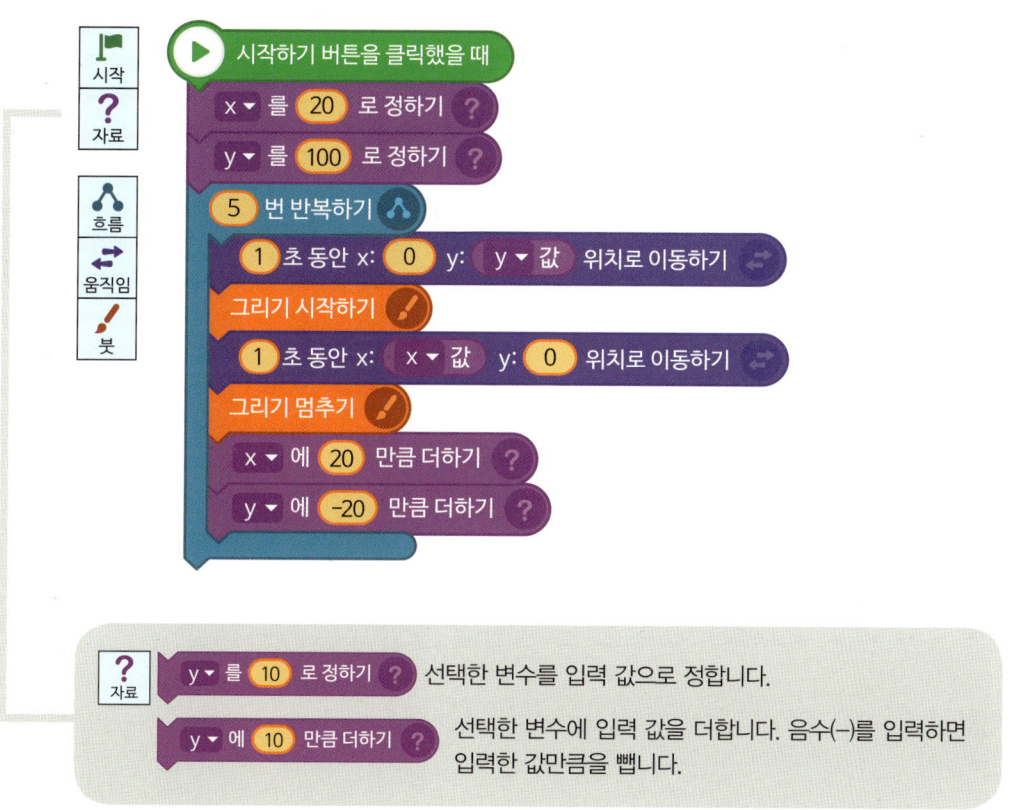

완성 시작하기 를 누르고 실행 화면에 그려진 모양을 확인해 보세요.

A

B

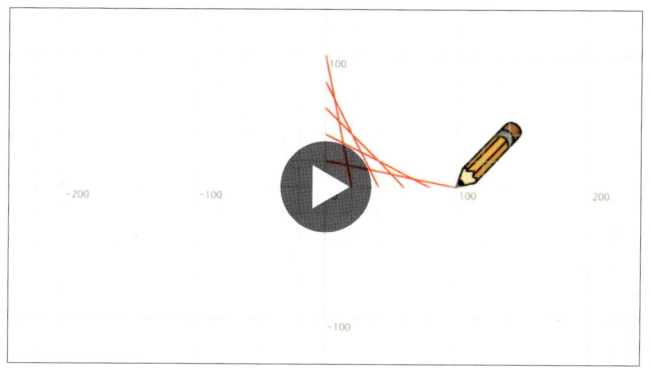

15장 스트링 아트 & 오륜기 그리기 **177**

스트링 아트를 활용한 그림을 그리도록 코딩하세요.

① bit.ly/엔트리도형편_15 에 접속하여 **코딩 2** 장면을 선택하세요.

② 변수의 크기와 범위를 조절하여 더 촘촘한 스트링 아트 그림을 완성해 봅시다.
아래의 순서대로 블록을 조립하고, ◯ 에 각각 숫자를 입력합니다.

```
시작하기 버튼을 클릭했을 때
x ▼ 를 5 로 정하기
y ▼ 를 100 로 정하기
20 번 반복하기
    0.5 초 동안 x: 0 y: y ▼ 값 위치로 이동하기
    그리기 시작하기
    0.5 초 동안 x: x ▼ 값 y: 0 위치로 이동하기
    그리기 멈추기
    x ▼ 에 5 만큼 더하기
    y ▼ 에 -5 만큼 더하기
```

 를 누르고 실행 화면에 그려진 모양을 확인해 보세요.

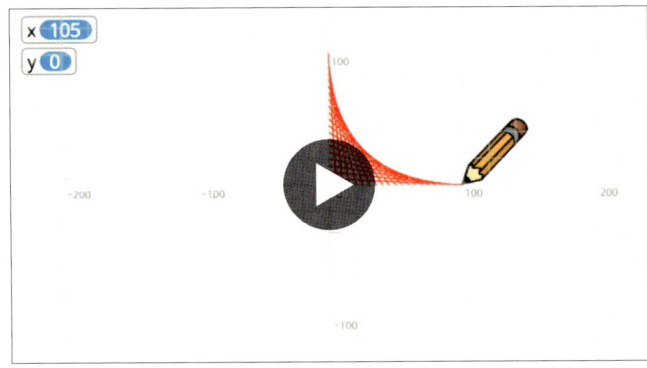

코딩 03

좌표를 활용하여 올림픽 오륜기를 그리도록 코딩하세요.

① bit.ly/엔트리도형편_15 에 접속하여 **코딩 3** 장면을 선택하세요.

② 오브젝트 목록에서 **원**을 선택하세요. 오륜기를 그리려면 먼저 다섯 개 원의 중심 좌표값을 정하고, 반지름의 크기를 정하면 됩니다. 첫 번째 원을 가장 먼저 그려 볼까요?
아래의 순서대로 블록을 조립하고, ◯ 에 각각 숫자를 입력합니다.

③ ▶시작하기 를 누르고 실행 화면에 그려진 모양을 확인해 보세요. 오륜기의 첫 번째 원이 제대로 잘 그려지나요?

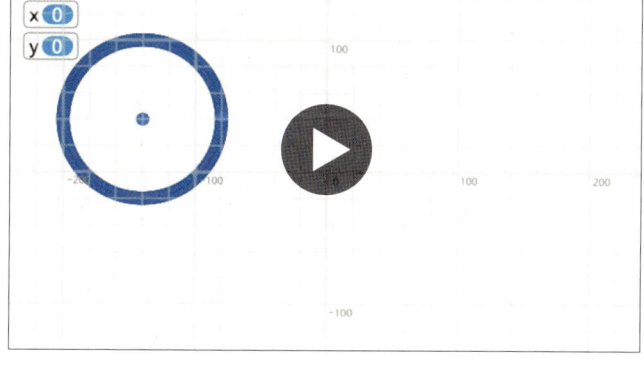

④ 아래의 순서대로 블록을 조립하고, ⬭에 각각 숫자를 입력합니다. 완성된 코드에서 규칙을 찾아봅시다.

 ▶ 시작하기 를 누르고 실행 화면에 그려진 모양을 확인해 보세요.

엔트리 TIP 색깔 효과

`색깔▼ 효과를 100 (으)로 정하기`   빈칸에 입력한 숫자로 오브젝트의 색깔 효과를 정합니다.

`색깔▼ 효과를 10 만큼 주기`   빈칸에 입력한 숫자만큼 오브젝트에 색깔 효과를 줍니다.

이 블록에서 **색깔 효과**는 주로 컴퓨터 화면에서 색을 표현하는 데 사용되는 RGB를 기준으로 합니다. RGB는 빛의 삼원색인 R(빨간색), G(초록색), B(파란색)를 뜻하는 말로, 엔트리에서는 1부터 99까지 숫자를 넣어 색깔 효과를 줄 수 있습니다.(0, 100을 입력할 경우에는 색깔 변화가 없습니다.)

1~33 : R유지 / G와 B변동
34~66 : G유지 / R과 B변동
67~99 : B유지 / R과 G변동

위의 기준을 참고하여 숫자를 바꾸어 입력하면서 색깔을 관찰해 봅시다.

 ⑤ 오륜기를 그리기 위해 똑같은 원 그리기를 5번 반복했지요. 이렇게 여러 번 사용하는 블록 묶음을 하나의 블록으로 만들어 활용하고 싶다면 **함수** 기능을 사용하면 됩니다. 함수를 만들기 위해 **블록** 탭의 `함수 만들기` 를 클릭하고, 이름을 **원**으로 바꾸세요.

⑥ 원으로 정의한 함수 블록을 두 번 클릭하면 블록 창이 뜹니다. 블록 아래에 반복되는 블록 묶음을 연결하고 확인을 클릭합니다.

⑦ 아래의 순서대로 블록을 조립하고, ◯ 에 각각 숫자를 입력합니다.

▶시작하기 를 누르고 실행 화면에 그려진 모양을 확인해 보세요.

엔트리 TIP 함수

반복되는 블록 묶음을 **함수**로 정의해 두면, 명령어들을 반복하여 입력하지 않고 편리하게 활용할 수 있습니다. 여러 명령을 한 번에 실행할 수도 있고, 원하는 대로 얼마든지 반복하여 사용할 수 있지요. 자주 사용하는 블록 묶음을 함수로 만들어 활용해 보세요!

15장 스트링 아트 & 오륜기 그리기 **183**

엔트리랑 수학이랑

스트링 아트는 정말 신기하고 재미있는 기법이에요.

곡선을 전혀 사용하지 않고 직선만 사용하면서도 마치 곡선처럼 보이거든요. 직선이 많을수록 오히려 더 곡선처럼 보이기도 하지요.

코딩 1, 2에서는 좌표를 활용하여 스트링 아트 기법을 표현할 수 있었지요? 그 과정을 자세히 살펴볼까요?

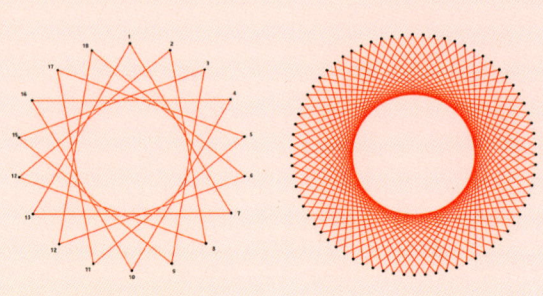

분석해 보면 왼쪽의 결과물은 오른쪽의 과정을 차례로 거쳐 이루어졌어요.

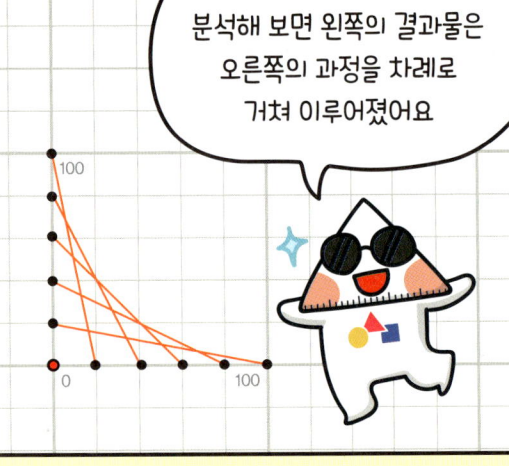

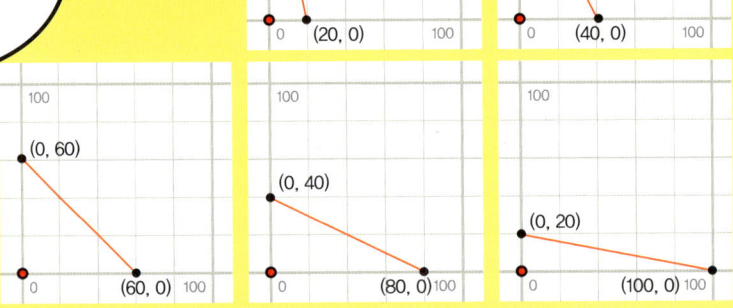

하나의 선분을 그리고 다음 그리기 시작점까지 이동할 때에는 자취를 남기지 않도록 그렸지요.

시작점으로 이동하기
➔ 그리기 시작하기
➔ 끝점으로 이동하기
➔ 그리기 멈추기

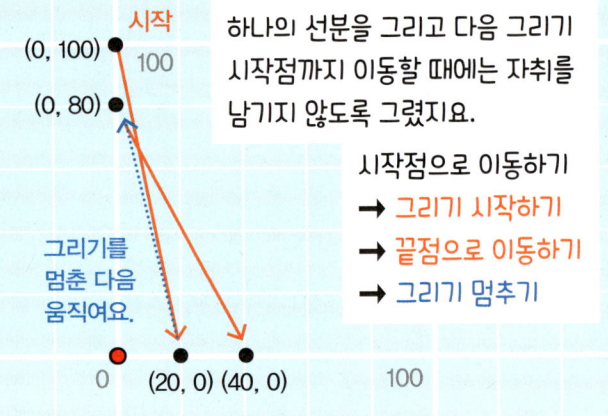

1장 엔트리봇 움직이기

22쪽 코딩02 연습

A  B  C

D

풀이) ⬤ 에 360을 입력하면 숫자가 0으로 바뀔 거예요. 360도 회전은 완전하게 한 바퀴를 돌아 제자리로 돌아오는 것과 같아요. 따라서 코딩에서 360도는 제자리에 있는 것과 같은 0도로 인식되지요.

23쪽 코딩03 연습

12번

풀이) 한 바퀴를 돌려면 360도를 돌아야 해요. 360을 30으로 나누어 보면 30도씩 몇 번을 돌아야하는지 알 수 있어요.

27쪽 수학 코딩

❶ 9번(360÷40=9)
❷ 2번(360÷180=2)
❸ 움직이기, 회전하기
❹ 회전하기, 움직이기, 회전하기

2장 울타리 자리 그리기

30쪽 코딩01 연습

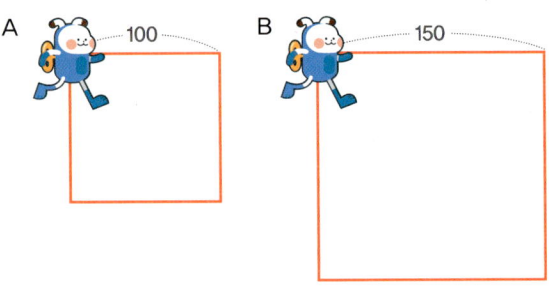

36쪽 수학 코딩

❶ 100, 90°, 100, 90°, 100, 90°, 100, 90°

```
▶ 시작하기 버튼을 클릭했을 때
그리기 시작하기
이동 방향으로 100 만큼 움직이기
1 초 동안 방향을 90° 만큼 회전하기
이동 방향으로 100 만큼 움직이기
1 초 동안 방향을 90° 만큼 회전하기
이동 방향으로 100 만큼 움직이기
1 초 동안 방향을 90° 만큼 회전하기
이동 방향으로 100 만큼 움직이기
1 초 동안 방향을 90° 만큼 회전하기
```

❷ 4, 150, 90°

```
▶ 시작하기 버튼을 클릭했을 때
그리기 시작하기
4 번 반복하기
  이동 방향으로 150 만큼 움직이기
  1 초 동안 방향을 90° 만큼 회전하기
```

❸ 움직이기, 회전하기

3장 농구 코트 그리기

39쪽 코딩01 연습

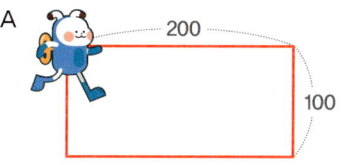

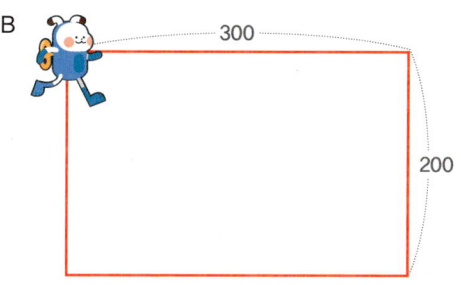

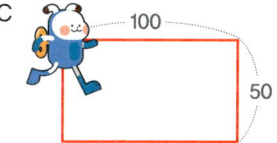

41쪽 코딩02 연습

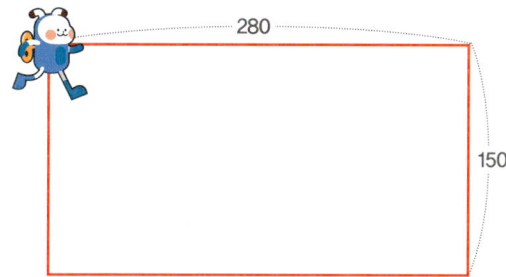

43쪽 코딩03 연습

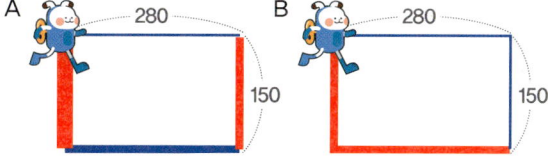

46쪽 수학 코딩

❶ 2, 180, 90°, 100, 90°

❷ 130, 100

❸ 120, 120

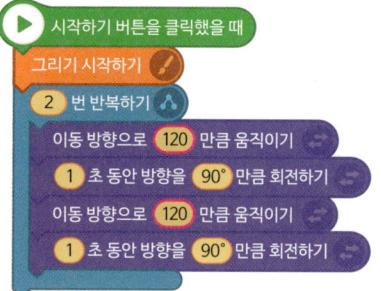

❹ 움직이기, 회전하기, 움직이기, 회전하기

4장 장애물 달리기

55쪽 코딩03 연습

15, 90°, 15, 10

59쪽 수학 코딩

❶ A, B

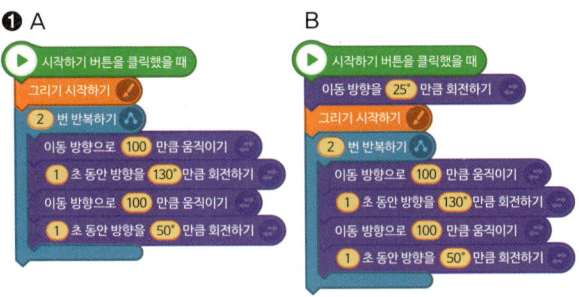

❷ A. 움직이기, 회전하기 / B. 회전하기, 움직이기, 회전하기
❸ 블록의 종류가 **같다**. / 회전 각도의 합이 360도이다.
회전각의 크기가 다르다. / 회전각의 크기가 90도로 같다.

5장 화분에 물 주기

62쪽 코딩01 연습

A
200, 120°,
150, 60°

B
2, 120°, 15, 60°

64쪽 코딩02 연습

2, 300, 120°, 150, 60°

67쪽 코딩03 연습

엔트리봇 코드
2, 10, 120°, 15, 60°

물조리개 코드
20, 120°, 15, 60°

71쪽 수학 코딩

❶ A. 2, 80°   B. 2, 60°

❷

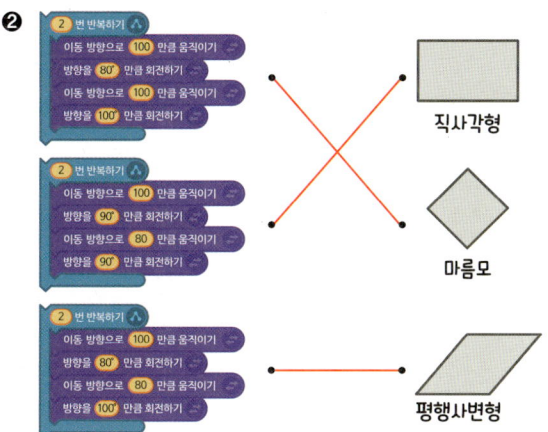

❸ 블록의 **종류**가 같다. / 블록의 **개수**가 같다.
반복수가 **2**로 같다. / 회전 각도의 합이 360도이다.
회전각의 크기가 다르다. / **회전각**의 크기가 90도로 같다.

6장 풍선 터뜨리기

76쪽 코딩01 연습

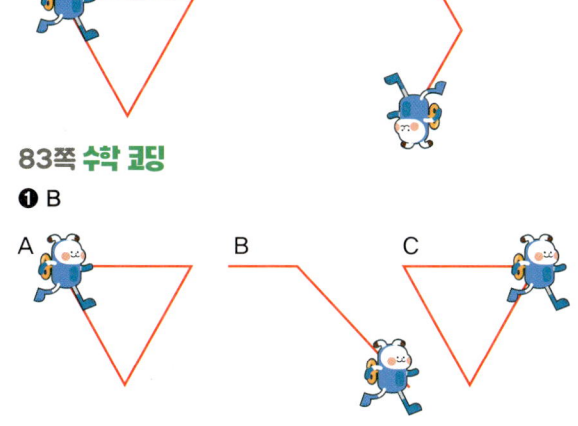

83쪽 수학 코딩

❶ B

풀이 이 연습 문제의 정답은 여러 가지가 될 수 있어요. 아래의 정답 예시와 같이 다양한 모양으로 그려보세요.

❷
한 변이 60인 삼각형

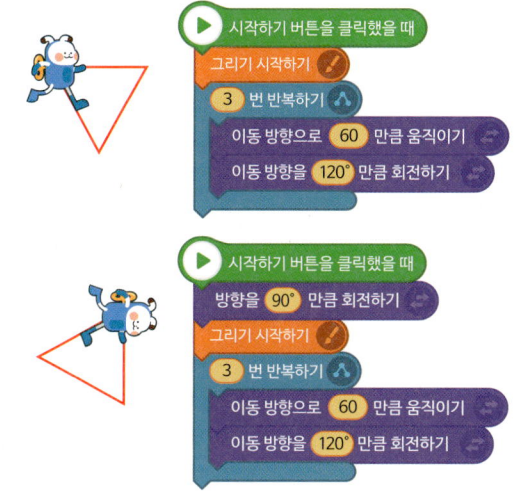

한 변이 120인 삼각형

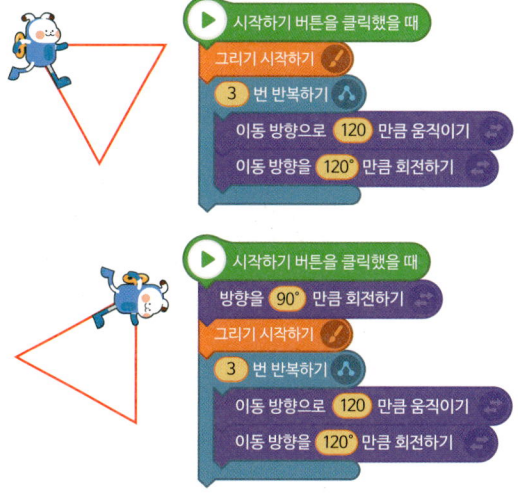

❸ 블록의 **종류**가 같다. 블록의 **개수**가 같다.
회전 각도의 합이 360도이다.
한 각이 **90**도이다. / 반복 횟수가 **4**번이다.
한 각이 **120**도이다. / 반복 횟수가 **3**번이다.

연습 문제 정답 **189**

7장 피자 나누기

89쪽 코딩02 연습

A. 5, 72

B. 6, 60

93쪽 코딩04 연습

A. 8, 8

B. 10, 10

96쪽 수학 코딩

❶ A. 예각 / B. 예각 / C. 둔각

8장 도토리 모으기

100쪽 코딩01 연습

A. 5, 100, 72°

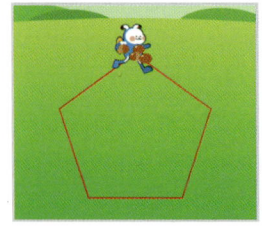

B. 36°, 5, 10, 10, 72°

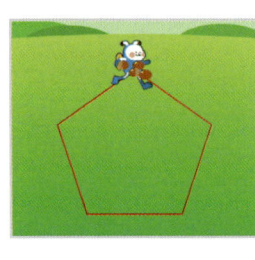
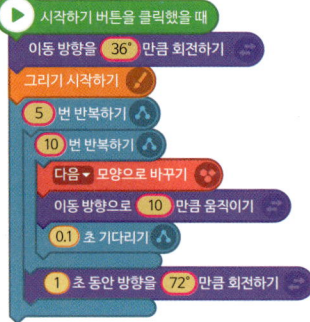

104쪽 코딩03 연습

A. 8, 8

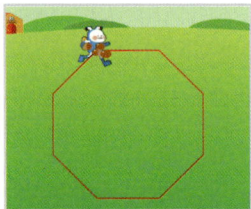

B. 9, 9

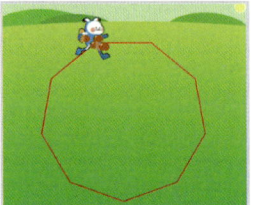

108쪽 수학 코딩

❶ 20, 18°

❷ 36, 10°

9장 동영상 카드 만들기

113쪽 코딩01 연습

3, 270°, 90°, 3, 90°, 270°

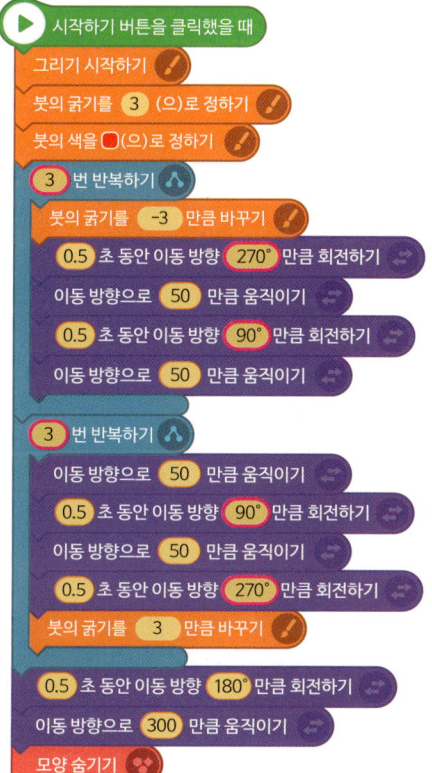

115쪽 코딩02 연습

개구리 코드

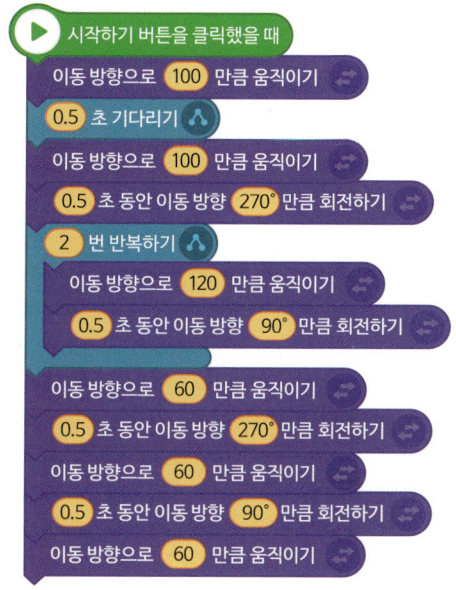

고추잠자리 코드

117쪽 수학 코딩

10장 반짝반짝 별 그리기

120쪽 코딩01 연습

A

B

C

126쪽 코딩 04 연습

풀이 이 연습 문제의 정답 모양은 다양할 수 있어요. 아래의 예시와 같이 다양한 크기로 별을 그려 보세요.

5, 30, 144°

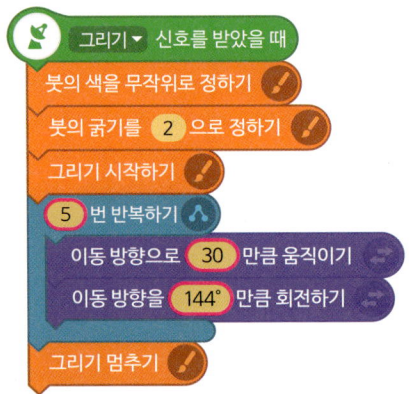

130쪽 수학 코딩

❶ 5, 100, −72°, 100, 144°

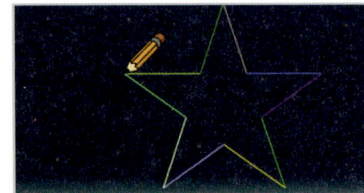

❷

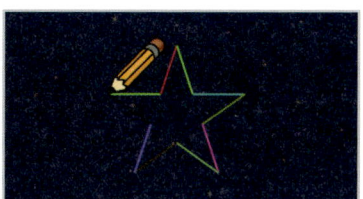

❸ 움직이기, 회전하기, 움직이기, 회전하기

11장 화려한 불꽃놀이

134쪽 코딩01 연습

풀이 이 연습 문제의 정답 모양은 다양할 수 있어요. 아래의 예시와 같이 다양한 모양으로 원을 그려 보세요.

 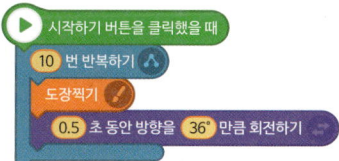

136쪽 코딩02 연습

원을 만들 수 있는 회전각도 : 12°

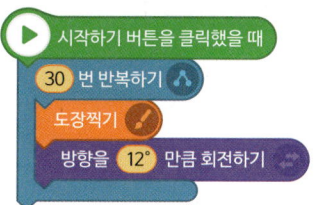

138쪽 코딩03 연습

A   B

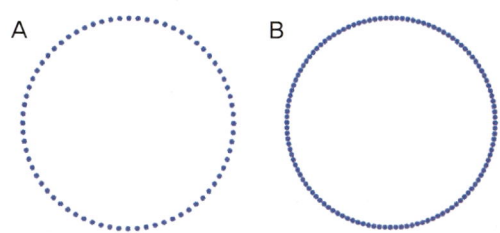

142쪽 수학 코딩

❶

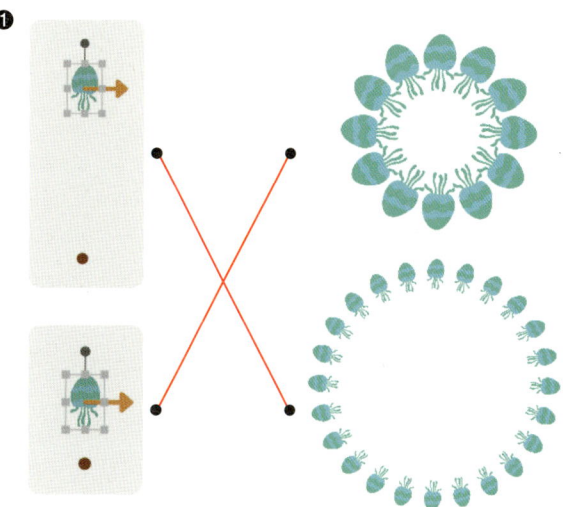

연습 문제 정답 193

풀이 이 연습 문제의 정답은 다양할 수 있어요. 아래의 예시를 참고하여 자유롭게 만들어 보세요.

❷

❸

12장 엔트리봇의 피겨 스케이팅

146쪽 코딩01 연습

A. -100, 6°

B. 0, 0, 3°

148쪽 코딩2 연습

A. 4, 90°

B. 24, 15°

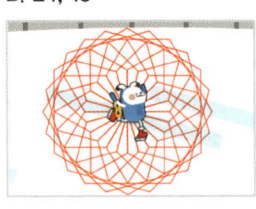 

150쪽 코딩03

A. 정육각형, 10번 / B. 정오각형, 10번
C. 정사각형, 10번 / D. 정삼각형, 12번

153쪽 수학 코딩

❶

❷ 10, 20, 36°

13장 눈 오는 날 우산 그리기

156쪽 코딩01 연습

A.

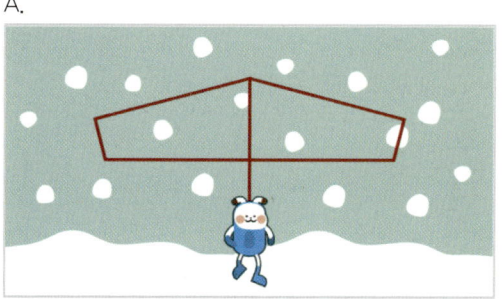

B.

158쪽 코딩02 연습

풀이 이 연습 문제의 정답 모양은 다양할 수 있어요. 아래의 예시와 같이 다양한 색깔로 도형을 만들어 보세요.

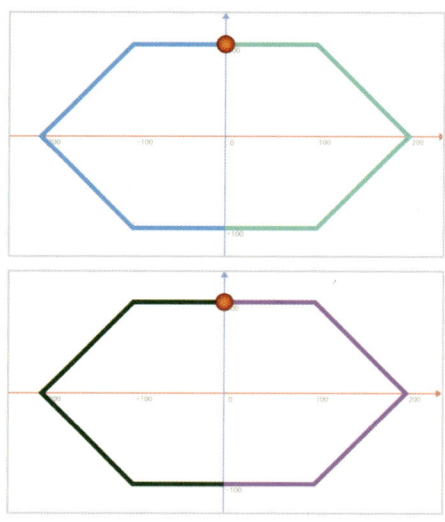

163쪽 수학 코딩

❶
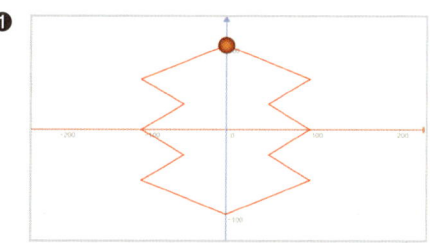

❷ 100, −50, −100, −100, −50, −50

연습 문제 정답 **195**

14장 벽에 액자 걸기

166쪽 코딩01 연습

A.

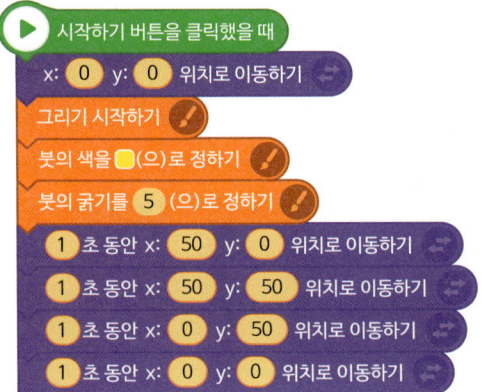

B.

풀이 이 연습 문제의 정답은 여러 가지 색깔이 될 수 있어요. 아래의 예시를 참고로 다양한 색의 액자를 만들어 보세요.

173쪽 수학 코딩

❶ (100, 0), (100, 100)

❷

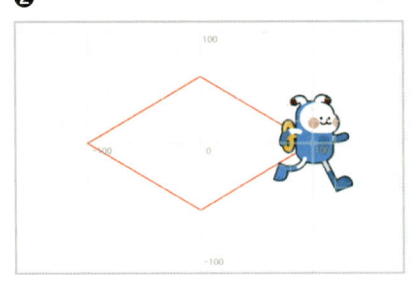

그럼 안녕!